本成果受到中国人民大学"统筹推进世界一流大学和一流
经费的支持（项目批准号：15XNL007）

城镇化、
农村家庭变迁与养老

Urbanization, Transition of Rural Families and Old-age Support

孙鹃娟◎著

知识产权出版社
全国百佳图书出版单位

图书在版编目（CIP）数据

城镇化、农村家庭变迁与养老/孙鹃娟著. —北京：知识产权出版社，2018.3
ISBN 978-7-5130-5541-3

Ⅰ.①城… Ⅱ.①孙… Ⅲ.①养老—服务业—产业发展—研究—中国 Ⅳ.①F719.9

中国版本图书馆CIP数据核字（2018）第080102号

内容提要

我国农村老年人数量庞大，农村人口老龄化发展非常迅速。在城镇化和乡村振兴背景下农村的养老问题呈现新特点和新问题。本书采用理论研究、实证分析和典型案例探讨相结合的方式，以"中国老年社会追踪调查数据""全国流动人口动态监测调查数据"、人口普查和1%全国人口抽样调查数据为基础，较系统地研究中国农村的人口老龄化、家庭变迁和养老。主要内容包括：城镇化与中国农村的人口老龄化，对城镇化、农村社会变迁和养老的理论探讨，农村家庭转变与家庭养老资源，不同类型农村地区老年人的养老需求，城镇化与农村老年人的经济状况，农村老年人的健康水平与照料服务的供需状况，照料接受者与照料提供者的双重角色，城市"外来者"的家庭及养老问题，社会保障制度在农村的发展及成效，农村社会养老服务的实践模式与典型案例，对农村养老服务体系建设的讨论。本书可推进对农村养老问题的理论和实践认识，为政府决策提供信息参考。

责任编辑：蔡　虹
封面设计：邵建文
责任出版：孙婷婷

城镇化、农村家庭变迁与养老

孙鹃娟　著

出版发行	知识产权出版社有限责任公司	网　址	http://www.ipph.cn
社　址	北京市海淀区气象路50号院	邮　编	100081
责编电话	010-82000860 转 8324	责编邮箱	caihong@cnipr.com
发行电话	010-82000860 转 8101/8102	发行传真	010-82000893/82005070/82000270
印　刷	三河市国英印务有限公司	经　销	各大网上书店、新华书店及相关专业书店
开　本	787mm×1092mm 1/16	印　张	12.5
版　次	2018年3月第1版	印　次	2018年3月第1次印刷
字　数	200千字	定　价	49.00元

ISBN 978-7-5130-5541-3

出版权专有　侵权必究
如有印装质量问题，本社负责调换。

前　言

农业、农村、农民问题是关系国计民生的根本性问题，农村所面临的快速城镇化和人口老龄化是探讨"三农"问题无法绕开的社会与人口背景。根据 2015 年全国 1% 人口抽样调查结果，我国农村有 1.11 亿 60 岁及以上的老年人，占农村人口的 18.47%。2030 年前后农村老年人的数量将进一步增加到 1.19 亿人，老龄化的发展速度超过城市地区。

城镇化是在现代化和工业化发展过程中，非农产业向城镇汇集、农村人口向城镇集中并转变生产生活方式的过程。从 2012—2017 年五年间我国城镇化率年均提高 1.2 个百分点，八千多万农业转移人口成为城镇居民。而 2017 年到 2020 年的全面建成小康社会决胜期实施的乡村振兴战略也离不开新型城镇化的同步推进。在此过程中我国农村的老龄问题呈现出新的特点和新的问题。农村青壮年劳动力转移、空心化、家庭空巢化以及社会经济转型大大加剧了农村老年人对社会养老服务的需求，是一个重大的家庭和社会现实问题，关系到新型城镇化能否实现缩小城乡差距和公共服务均等化的目标。

对于身处迅速社会变迁过程中的农村居民个体而言，城镇化通过土地、劳动方式、收入来源、生活方式、居住环境、代际关系等这些直接或间接的变化而渗入他们的生活之中。土地流转、村改居、产业转型、子女外流这几种城镇化最鲜明的体现结果对农村老年人的养老产生了深远的影响。农村养老问题囿于农村的整个社会网络体系中，我们认为应把它置于由个体、家庭、社区、社会构成的层层嵌套的网络结构中加以解析，方能全面了解问题的根源、影响因素和结果。

本书以乡土社会特点和变迁为背景，把个人决策与家庭决策理论、投资收益理论以及推拉理论与养老结合起来进行理论探讨，提出应从家庭成员整体来看待迁移流动的成本和收益，老年人因子女的外流而承担的成本及获得的收益均应纳入我国城镇化和人口流动的影响评估中。对农村老年人问题的分析不能脱离家庭视角，应以成年子女和老年父母间的代际关系为主线探讨城镇化对养老带来的影响。研究还通过对家庭养老资源的分析发现中国农村家庭代际关系正走向平权化和下移化。

研究还对土地流转、村改居、产业转型、子女外流给养老带来的影响展开实证或案例研究，探讨农村居民未来养老的打算和期待。继而以调查数据为基础，分析农村老年人的经济状况、健康水平与照料服务的供需状况、老有所为活动和贡献等，力图呈现更客观真实的农村老年人生活现状。而本书中关于社会保障制度在农村的发展及成效、农村社会养老服务的实践模式与典型案例则是侧重于从供给的视角来看农村老年人获得了怎样的保障和服务、效果如何。对农村养老服务体系建设的探讨和建议是本书的一个重点和研究目标，结合乡村振兴、乡村治理与农村发展，在制度、管理、机构、组织、资金、设施、服务网络、人力资源、文化方面对农村养老服务体系提出探索性建议。

本研究和书稿的完成得到了中国人民大学"统筹推进世界一流大学和一流学科建设"专项经费的支持（项目批准号：15XNL007）。感谢我的研究生们参与到调研和数据整理中，也感谢知识产权出版社蔡虹编辑的大力帮助！

孙鹃娟
2018年3月

CONTENTS

目 录

- 第一章　城镇化与中国农村的人口老龄化 …………… 1
  - 一、改革开放以来的城镇化发展 ………………… 2
  - 二、新型城镇化的方案与构想 …………………… 4
  - 三、城乡人口发展趋势 …………………………… 8
  - 四、人口老龄化下的中国农村 …………………… 9
  - 五、新型城镇化与养老问题 ……………………… 12
- 第二章　对城镇化、农村社会变迁和养老的理论探讨 … 14
  - 一、乡土社会的变迁 ……………………………… 14
  - 二、中国农民的"养"老 ………………………… 16
  - 三、城镇化、人口流动与养老的理论探讨 ……… 22
- 第三章　农村家庭转变与家庭养老资源 ………………… 29
  - 一、城镇化与家庭转变 …………………………… 29
  - 二、农村家庭中的养老资源：状况与变化趋势 … 32
- 第四章　不同类型农村地区老年人的养老需求 ………… 43
  - 一、土地流转：对养老意味着什么？ …………… 43
  - 二、"村改居"与老年人生活的变化 …………… 47
  - 三、农村产业转型背景下的养老问题 …………… 53
  - 四、老年人对未来养老的期待和打算 …………… 57
- 第五章　城镇化与农村老年人的经济状况 ……………… 63
  - 一、城镇化与农村老年人的经济收益问题 ……… 63
  - 二、调查数据与样本特征 ………………………… 65
  - 三、收入水平与群体内部收入差异 ……………… 66

四、主要经济来源及经济独立程度 ……………………………… 68
　　五、子女外出流动对农村老年人经济收入的影响作用 ……… 73
　　六、讨论与建议 …………………………………………………… 78

第六章　农村老年人的健康水平与照料服务的供需状况 ……… 82
　　一、应更全面地评估老年人的健康 …………………………… 82
　　二、劳动力外流与农村老年人的健康：对作用路径的探讨 … 84
　　三、慢性疾病患病情况 …………………………………………… 85
　　四、日常生活自理能力 …………………………………………… 87
　　五、认知能力与抑郁水平 ………………………………………… 90
　　六、自评健康和主观照护需求 …………………………………… 92
　　七、小结与讨论 …………………………………………………… 95

第七章　照料接受者与照料提供者的双重角色 …………………… 98
　　一、作为照料接受者的服务获得情况 …………………………… 99
　　二、作为照料提供者的价值和贡献 …………………………… 102
　　三、从角色变迁看农村老年人家庭支持策略 ………………… 108

第八章　城市"外来者"的家庭及养老问题
　　　　——以北京为例 ………………………………………… 112
　　一、"外来"流动人口是谁？ …………………………………… 113
　　二、"外来者"的家庭 …………………………………………… 121
　　三、"外来者"的老年父母 ……………………………………… 123
　　四、去还是留：未来在哪里养老？ …………………………… 125

第九章　社会保障制度在农村的发展及成效 …………………… 132
　　一、养老保险在农村的发展与现状 …………………………… 133
　　二、农村医疗保险的发展与老年人的医疗保障 ……………… 139
　　三、最低生活保障制度与农村老年人领取低保现状 ………… 141
　　四、农村主要社会保障制度的问题分析 ……………………… 144
　　五、讨论与思考 ………………………………………………… 146

第十章　农村社会养老服务的实践模式与典型案例 …………… 149
　　一、农村社会养老服务发展的政策脉络 ……………………… 149

二、互助养老模式 …………………………………………… 151
三、农村居家养老服务模式 ………………………………… 153
四、宅基地换养老及集中（公寓式）养老服务模式……… 160
五、农村机构养老模式 ……………………………………… 162
六、医养结合模式 …………………………………………… 167
七、讨论与建议 ……………………………………………… 169

第十一章 对研究结果及农村养老服务体系建设的讨论 ……… 174
一、农村养老的突出问题与潜在风险 ……………………… 175
二、乡村振兴、乡村治理与农村发展 ……………………… 178
三、精准评估老年人需求 …………………………………… 180
四、实施家庭支持策略延续家庭养老的核心功能………… 181
五、在乡村振兴和乡村治理过程中强化社区养老服务能力 … 183
六、合理定位并发挥政府在养老服务中的角色和作用 …… 186
七、根据区域和乡土特点形成多元化的农村养老模式 …… 187

第一章 城镇化与中国农村的人口老龄化

农业农村农民问题是关系国计民生的根本性问题，农村所面临的快速城镇化和人口老龄化是探讨"三农"问题无法绕开的社会与人口背景。我国农村老年人数量庞大，人口老龄化发展非常迅速。根据2015年全国1%人口抽样调查，我国共有2.22亿60岁及以上老年人，其中1.11亿人生活在农村地区，占老年人口总数的50.19%。农村人口老龄化水平为18.47%，数量、比例和发展速度都超过城市地区。2030年前后农村老年人的数量将进一步增加到1.19亿人，中国老龄化程度城乡倒置的特点很突出。

而城镇化是认识农村养老的另一个大背景。城镇化是在现代化和工业化发展过程中，非农产业向城镇汇集、农村人口向城镇集中并转变生产生活方式的过程。在社会转型阶段城镇化对于驱动经济的持续发展和实现现代化具有强大的引擎作用，是提高生产效率、推动产业结构优化转型的主要途径，也有助于解决"三农"问题、缩小城乡和区域间的差距。在城镇化的过程中农村老龄问题呈现新特点和新问题。农村青壮年劳动力转移、空心化、家庭空巢化以及社会经济转型大大加剧了农村老年人对社会养老服务的需求，是一个重大的家庭和社会现实问题，关系到新型城镇化能否实现缩小城乡差距和公共服务均等化的目标。

一、改革开放以来的城镇化发展

中国正处于城镇化发展的新时期,城镇化是我国经济增长的主要驱动力。改革开放以来城镇化进程迅速推进,国家统计局公布的数据显示,到2016年年底,我国城镇常住人口为79298万人,比2015年年末增加2182万人,乡村常住人口59973万,减少1373万人,城镇化率(城镇人口占总人口比重)为57.35%。虽然城镇人口的数量和所占比重在提高,城镇化水平明显提升,但流动人口的数量却在减少。同样根据国家统计局的数据,到2016年年底全国人户分离人口(即居住地和户口登记地不在同一个乡镇街道且离开户口登记地半年以上的人口)2.92亿,比2015年年末减少203万人,其中流动人口2.45亿,比2015年减少171万人。

在中国,城镇化经历了一个起点低、但速度快的发展过程。我国的城市化进程起步于中华人民共和国成立时期,大致经历了起步、恢复和缓慢增长以及快速增长三个阶段[1]。近四十年的改革开放是工业化、城镇化加速发展的时期。根据中共中央、国务院印发的《国家新型城镇化规划(2014—2020年)》(以下简称《规划》)的数据,以改革开放伊始的1978年为起点,到2013年我国城镇常住人口已从当时的1.7亿人增加到7.3亿人,城镇化率从17.9%提升到53.7%,年均提高1.02个百分点;城市数量从193个增加到658个,建制镇数量从2173个增加到20113个(见表1.1)。产业密集、经济发达的京津冀、长江三角洲、珠江三角洲三大城市群以2.8%的国土面积集聚了18%的人口,创造了36%的国内生产总值,成为人口的主要流入地和城镇化程度较高的三大区域。

---

[1] 李放,崔香芬. 被征地农民养老保障政策问题发生的中国情境[J]. 中国农业大学学报(社会科学版),2012,29(1):104–112.

表 1.1 城市（镇）数量和规模变化情况　　　（单位：个）

	1978 年	2010 年
城市	193	658
1000 万以上人口城市	0	6
500 万~1000 万人口城市	2	10
300 万~500 万人口城市	2	21
100 万~300 万人口城市	25	103
50 万~100 万人口城市	35	138
50 万以下人口城市	129	380
建制镇	2173	19410

资料来源：《国家新型城镇化规划（2014—2020 年）》。

人口大量的、频繁的流动迁移是我国改革开放以来城镇化的一个突出特征。通过人口流迁使城乡、地区间的人力资源配置更加优化，是农业剩余劳动力向第二、第三产业转移的主要途径，从而有力地推动了经济发展，可以说没有这些年人口源源不断的流动迁移就不可能在短时期内实现中国经济的腾飞。但另一方面，我国之所以有如此庞大的人口能够持续多年地从农村中转移出来，更深刻的原因还在于经济体制改革激活了市场，率先发展起来的城市和农村之间的差距加大，城市中大量的就业机会吸引了农村人口迅速流向城市；再者，计划生育政策实施前已累积了数量庞大的劳动力队伍，农村剩余劳动力也急需向城市地区转移。这些因素都使得人口流迁成为我国改革开放以来城镇化道路的主导途径。

但在城镇化快速发展的过程中难以避免地存在一些矛盾和问题，其中包括诸如流动人口在城市的融入和市民化问题、土地开发和人口"城镇化"的速度、低微的务工收入与高昂的城市居住消费成本、外来人口难以均等地享受城镇公共福利和服务、农村空心化和留守人口（老年人、留守儿童、留守妇女）的问题日益突出等，因而必须寻求以提升质量为主的新型城镇化道路，只有实现了人的城镇化并获得更高质量的生活才是城镇化的真正目的所在。

二、新型城镇化的方案与构想

根据城镇化的现实发展状况，我国新型城镇化的方案与构想在2003年后逐步明确起来。在2003年十六届三中全会上国家大力倡导推进城乡一体化进程，提出了"五个统筹"的发展要求，地方政府纷纷响应中央政府的城乡统筹发展战略进一步加快城市化速度。2012年召开的党的十八大明确提出了"新型城镇化"概念，之后在中央经济工作会议上把"加快城镇化建设速度"列为2013年经济工作六大任务之一。2013年11月中共十八届三中全会审议通过了《中共中央关于全面深化改革若干重大问题的决定》，指出要"坚持走中国特色新型城镇化道路，推进以人为核心的城镇化，推动大中小城市和小城镇协调发展、产业和城镇融合发展，促进城镇化和新农村建设协调推进。优化城市空间结构和管理格局，增强城市综合承载能力"。紧接着2014年3月《规划》出台，进一步明确了我国未来城镇化的发展路径、主要目标和战略任务。

2017年党的十九大报告在"新时代中国特色社会主义思想和基本方略"中明确把推动新型工业化、信息化、城镇化、农业现代化同步发展作为新发展理念。根据十九大报告，从2012—2017年五年间我国城镇化率年均提高1.2个百分点，八千多万农业转移人口成为城镇居民。此外，在从2017年到2020年的全面建成小康社会决胜期，要实施乡村振兴战略。乡村振兴战略的主要内容包括"建立健全城乡融合发展体制机制和政策体系，加快推进农业农村现代化""巩固和完善农村基本经营制度，深化农村土地制度改革，完善承包地'三权'分置制度。保持土地承包关系稳定并长久不变，第二轮土地承包到期后再延长三十年""加强农村基层基础工作，健全自治、法治、德治相结合的乡村治理体系"等。应该说，乡村振兴也离不开新型城镇化的同步推进。农村的人口变动牵涉到土地规模的变化,都市圈的发展也在推动农民市民化的转变。

新型城镇化是指坚持以人为本,以新型工业化为动力,以统筹兼顾为原则,推动城市现代化、城市集群化、城市生态化、农村城镇化,全面提升城镇化质量和水平,走科学发展、集约高效、功能完善、环境友好、社会和谐、个性鲜明、城乡一体、大中小城市和小城镇协调发展的城镇化建设路子。实现农村人口转移到城镇,完成农民到市民的转变是城镇化的核心,但与传统城镇化的不同之处在于,新型城镇化"新"在以提升城市的文化、公共服务等内涵为中心,使人口聚居的城镇真正成为具有较高品质的宜居之所,而非过去片面注重追求城市规模扩大、空间扩张。有序推进农业转移人口市民化、优化城镇化布局和形态、提高城市可持续发展能力、推动城乡发展一体化是四大战略任务❶。《规划》提出到2020年我国常住人口城镇化率达到60%左右,届时我国城镇常住人口约为84171万。而根据国家统计局公布的数据来推算❷,在从2015—2020年的五年里我国要新增7055万城镇常住人口。

新型城镇化的发展目标不仅是要稳步提升城镇化水平和质量、使城镇化格局更加优化、城市发展模式科学合理,还要使城市生活和谐宜人,而和谐宜人的城市生活就包括基本养老、基本医疗卫生、义务教育、保障性住房等城镇基本公共服务覆盖全部常住人口,基础设施和公共服务设施更加完善;另外不断完善城镇化体制机制也是新型城镇化的发展目标之一,包括户籍管理、土地管理、社会保障、财税金融、行政管理、生态环境等制度改革取得重大进展,基本消除阻碍城镇化健康发展的体制机制障碍。新型城镇化的主要指标见表1.2。

---

❶ 人民网. 国家新型城镇化规划(2014—2020年)(全文). http://politics.people.com.cn/n/2014/0317/c1001-24649809.html.

❷ 2015年年末我国城镇常住人口77116万人,常住人口城镇化率为56.1%。

表1.2 新型城镇化主要指标

指标	2012年	2020年
城镇化水平		
常住人口城镇化率（%）	52.6	60左右
户籍人口城镇化率（%）	35.3	45左右
基本公共服务		
农民工随迁子女接受义务教育比例（%）		≥99
城镇失业人员、农民工、新成长劳动力免费接受基本职业技能培训覆盖率（%）		≥95
城镇常住人口基本养老保险覆盖率（%）	66.9	≥90
城镇常住人口基本医疗保险覆盖率（%）	95	98
城镇常住人口保障性住房覆盖率（%）	12.5	≥23
基础设施		
百万以上人口城市公共交通占机动化出行比例（%）	45*	60
城镇公共供水普及率（%）	81.7	90
城市污水处理率（%）	87.3	95
城市生活垃圾无害化处理率（%）	84.8	95
城市家庭宽带接入能力（Mbps）	4	≥50
城市社区综合服务设施覆盖率（%）	72.5	100
资源环境		
人均城市建设用地（平方米）		≤100
城镇可再生能源消费比重（%）	8.7	13
城镇绿色建筑占新建建筑比重（%）	2	50
城市建成区绿地率（%）	35.7	38.9
地级以上城市空气质量达到国家标准的比例（%）	40.9	60

注：①带*为2011年数据。

②城镇常住人口基本养老保险覆盖率指标中，常住人口不含16周岁以下人员和在校学生。

资料来源：《国家新型城镇化规划（2014—2020年）》。

在新型城镇化的主要指标中，在基本公共服务方面提出城镇常住人口基本养老保险覆盖率要由2012年的66.9%提高到2020年的90%以上，基本医疗保险覆盖率要由2012年的95%提高到2020年的 98%；在基础设施方面，城市社区综合服务设施覆盖率要从 2012 年的 72.5% 提高到 2020 年的 100%，这些指标均直接关系到老年人的生存质量和生活质量，是养老必不可少的基本要素。而基础设施、资源环境方面的指标如社区综合服务设施覆盖率、公交所占比例、绿地率、空气质量达标率等也与老年人的生活息息相关。

在国家新型城镇化战略思路和规划的引领下，2015 年 2 月 4 日，国家发改委等 11 部委联合印发《国家新型城镇化综合试点方案》，将江苏、安徽两省和宁波等 62 个城市（镇）列为国家新型城镇化综合试点地区。于 2014 年年底前开始试点，并根据情况不断完善方案，到 2017 年各试点任务取得阶段性成果，形成可复制、可推广的经验；2018—2020 年逐步在全国范围内推广试点地区的成功经验。试点的主要任务是：建立农业转移人口市民化成本分担机制；建立多元化可持续的城镇化投融资机制；改革完善农村宅基地制度；探索建立行政管理创新和行政成本降低的新型管理模式；综合推进体制机制改革创新。

进一步地，2015 年 11 月国家发改委等 11 部委又联合公布了《第二批国家新型城镇化综合试点地区名单的通知》，提出将在北京市房山区、大兴区等 73 个城市（镇）开展试点。与第一批试点不同的是第二批试点只包括城市（镇）试点，不包括省级试点。考虑到农村土地制度改革试点与国家新型城镇化综合试点联系紧密，33 个农村土地制度改革试点中已有 19 个列为国家新型城镇化综合试点。

2016 年 12 月 15 日，按照向中西部地区和东北地区倾斜，优先考虑改革意愿强、发展潜力大、特色较鲜明的中小城市、县、建制镇的原则，将北京市顺义区等 111 个城市（镇）列为第三批国家新型城镇化综合试点地区。按照《国家新型城镇化综合试点总体实施方案》明确的各项试点任务总体要求，结合当前新型城镇化发展实际，坚持突出地方特色，重点在农民工融入城镇、新生中小城市培育、中心城市建设、城市绿色智能发展、产城融合发展、地方文化保护传承、城乡统筹发展等领域。

三、城乡人口发展趋势

如果按照城市和农村作为划分标准的话，作为人口的两大构成部分，城市人口与乡村人口自然是一种此消彼长的关系。而人口向城镇的逐渐集中也即城镇化趋势几乎是各国人口发展的共同走向。我国城市人口迅速增长而农村人口显著缩减的现实在近些年的统计数据中被一再证实，例如2010年全国第六次人口普查数据显示，2010年大陆31个省（自治区、直辖市）的总人口为13.4亿，其中居住在城镇的人口为6.66亿，占49.70%；居住在乡村的人口为6.74亿，占50.30%，同2000年第五次全国人口普查相比，城镇人口增加了2.07亿，乡村人口减少了1.33亿，城镇人口比重上升13.46个百分点。再往前比较1990年"四普"的结果发现，1990年以来农村家庭每户的常住人口数就在不断下降：1990年4.80人，2000年4.20人，而《中国农村统计年鉴（2014年）》显示2012年为3.88人（其中2012年农村每户的平均劳动力为2.76人）。

在人口发展变动方面除了农村人口逐渐缩减而城镇人口明显增加外，作为人口结构的维度之一——人口年龄结构也出现典型的人口老龄化态势。根据国家统计局2017年2月28日公布的《中华人民共和国2016年国民经济和社会发展统计公报》数据显示，2016年年末，全国60周岁及以上老年人口约为2.3亿，比重上升到总人口的16.7%，65周岁及以上老年人口约为1.5亿，占总人口的10.8%。[1] 联合国《世界人口展望（2017）》对中国的人口发展趋势进行了预测，按照中生育方案，从目前到21世纪中叶，中国人口会呈现越来越鲜明的老龄化特点，表现为0～14岁低年龄组人口数量减少，60岁以上甚至80岁以上人口数量迅速攀升，15～59岁

---

[1] 国家统计局. 中华人民共和国2016年国民经济和社会发展统计公报. http://www.stats.gov.cn/tjsj/zxfb/201702/t20170228_1467424.html.

劳动年龄人口数量也将不断减少（见图1.1）。因此可以说，一方面中国人口在迅速老龄化，另一方面城镇化的推进又使得人口尤其是劳动力人口向城市集中，这是谈论农村养老问题的基本人口背景。

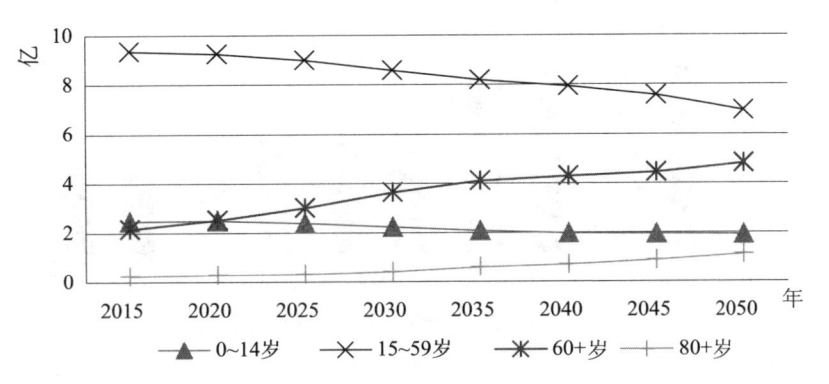

图1.1 中国分年龄组人口发展态势（2015—2050年）

数据来源：UN. Department of Economic and Social Affairs. World Population Prospects：The 2017 Revision.

四、人口老龄化下的中国农村

根据2015年全国1%人口抽样调查，2015年我国共有2.22亿60岁及以上老年人，其中1.11亿生活在农村地区，占老年人口总数的50%。2015年我国人口老龄化水平为16.15%，其中农村人口老龄化水平为18.47%，城镇人口老龄化水平为14.34%，2030年前后农村老年人数量将进一步增加到1.19亿。我国老龄化程度城乡倒置的特点很突出，从1982年以来的四次人口普查结果来看，1982年60岁及以上老年人口比例市为7.40%，乡村为7.80%，差距为0.40个百分点，而到1990年、2000年和2010年，乡村的人口老龄化程度分别比城市高出为0.10个、0.84个和3.50个百分点，2015年二者间的差距进一步扩大到4.3个百分点，而且这种差距还将继续扩大。图1.2是几次人口普查和抽样调查城乡老年人口比例的比较，从中反映出与城市相比，农村的人口老龄化程度更高、速度更快。人口老龄化"城乡倒置"的特点加剧了农村养老问题的严峻性。

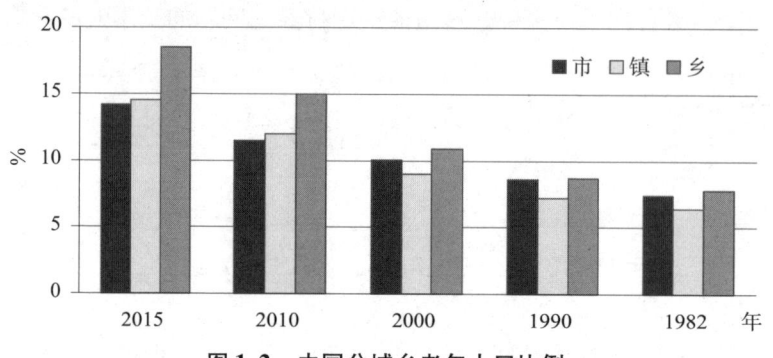

图 1.2　中国分城乡老年人口比例

数据来源：根据 2015 年全国 1% 人口抽样调查，第三、第四、第五、第六次人口普查汇总数据计算。

比较 2015 年城镇和农村人口年龄结构，会发现与城镇相比，农村 20 岁至 40 岁的青壮年在农村人口年龄结构中呈现明显凹陷，而城镇这部分年龄反而在整个年龄结构中突出出来，这是农村劳动力人口向城镇迁移流动所致（见图 1.3 和图 1.4）。所以除人口内部本身的老化外，人口流动、城镇化也是加剧农村人口老龄化的重要因素。

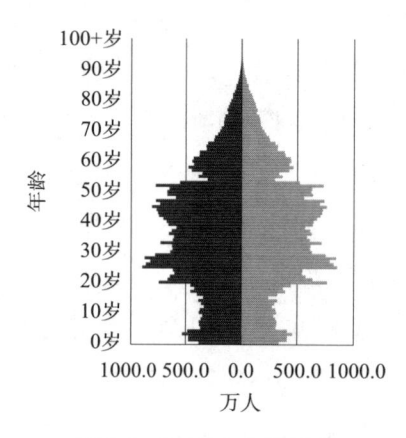

图 1.3　2015 年中国城镇人口年龄结构

数据来源：2015 年全国 1% 人口抽样调查。

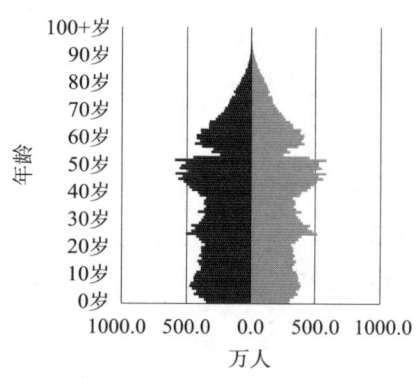

图 1.4　2015 年中国农村人口年龄结构

数据来源：2015 年全国 1% 人口抽样调查。

2010年全国人口普查结果显示，我国31个省（自治区、直辖市）共有9930多万农村老年人，占全国农村人口的14.98%，老年抚养比达到22.75%，可以说总体上农村地区的老龄化程度已相当明显，但各地区农村人口老龄化的程度并不一致，从60岁及以上农村老年人绝对数量来看，各地区农村人口老龄化程度差异显著，排在前十位的省区分别是四川（8742526人）、山东（8240223人）、河南（8018775人）、江苏（6159004人）、湖南（6025762人）、安徽（5721973人）、河北（5610757人）、湖北（4533592人）、广东（4526333人）、广西（4009808人）。按照老年比排序，各省（自治区、直辖市）农村老龄化程度高于全国平均水平的地区从高至低排序依次是：重庆、江苏、浙江、四川、山东、安徽、辽宁、湖南、湖北。这些地方的老年抚养比相应也比较高，其中重庆农村的老年比和老年抚养比均为全国最高，分别达到21.45%和36.75%。

到了2015年，各省区农村人口老龄化的程度均进一步提升，重庆、江苏、四川省的农村人口老龄化程度位居前三位，分别为25.66%、24.45%、22.81%，四川农村的老龄化超过浙江（见图1.5）。农村地区老龄化程度高于全国农村平均水平的还有上海、山东、辽宁、湖北、湖南、天津、陕西、北京。

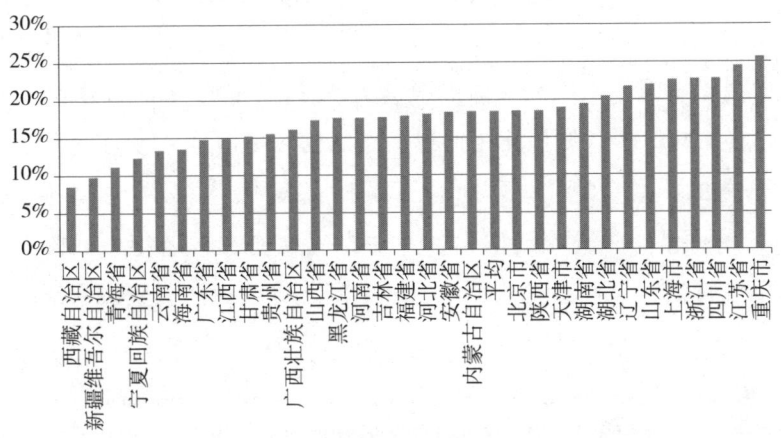

图1.5 2015年全国各省区农村人口老龄化程度

数据来源：2015年全国1%人口抽样调查。

五、新型城镇化与养老问题

养老是若干农村问题中涉及千家万户的基础性问题,不仅关系农村老年人及其家庭成员的切实利益,还关系到新型城镇化能否实现缩小城乡差距和公共服务均等化的目标。作为"以人为本"的新型城镇化,其目标不应仅是 GDP 的快速增长、物质设施的大量增加,而是在物质经济提升过程中社会、文化也能够与经济保持协调发展,对老年人来说则体现为代际差距缩小、养老资源更加丰富、物质和精神富足程度都得以提高、老年人的获得感和幸福感明显增强、城乡社会朝着更为公平、和谐、良性的方向发展。相对而言,农村养老的一个根本问题是要缩小与城市的差距,使农村人口群体享受到均等化的公共服务,使人在城镇化过程中真正受益。由于农村老龄化形势严峻,农村的社会化养老基础又比较薄弱,家庭养老也逐渐显现出独木难支的困境。必须及时把新型城镇化这一国家发展战略与农村养老服务体系构建结合起来进行系统规划。

关于城镇化对农村老年人的影响,一些研究认为城镇化发展可能会提升农村老年人的经济收入,但老年人也有可能由于精神慰藉需求得不到满足而降低精神文化生活水平。城镇化过程中代际居住的分离并未削弱子女对老年父母的经济支持,子女外出打工收入的增加甚至提升了对农村父母的经济支持(Zimmer, Zachary and Julia Kwong, 2003)[1],城镇化还通过提高农村家庭收入水平使老年人享受更高的生活水平和医疗,从而提高健康水平(白南生 等,2007)[2];另一些研究则认为,劳动力流动使农村老年人面临家庭代际支持缺乏而社会支持不足、健康问题突出而照料资源匮乏、劳

---

[1] Zimmer, J, . Kwong, J, 2003, Family size and support of older adults in urban and rural China: current effects and future implications. Demography, 40(1), 23-44.

[2] 白南生、李靖,陈晨. 子女外出务工、转移收入与农村老人农业劳动供给——基于安徽省劳动力输出集中地三个村的研究[J]. 中国农村经济,2007(10).

动负担加剧而精神慰藉缺失等现实困境（叶敬忠等，2009❶；杜鹏等，2004❷）。我国农村老年人日常生活需要照料的比例为9.3%、80岁以上需要照料的达到30.4%，对照料的需求非常大（郭平，陈刚，2009）❸，由于缺乏足够的代际支持，空巢家庭中老年人的孤独、抑郁等心理问题十分突出（陆杰华，2012；石人炳，2012❹）。在农村养老公共服务体系缺失的情况下，农村劳动力转移会对农村老年人的健康尤其是心理健康带来不利影响（王小龙、兰永生，2011）❺。

可以看到，以往研究着力于探讨子女外出对老年父母带来的影响，但新型城镇化不同于以往普遍以农村劳动力外流为特征的城市化，加之地区之间的城镇化道路不同以及客观条件差异，已使农村老年人的养老问题呈现出多样化、复杂化的特点，养老需求也有新的变化，有的问题已难以用传统的理论观点来进行充分解释。而且地区之间经济社会条件不同、城镇化模式也有差异，有的地区通过产业转型升级实现就地城镇化，而有的地区则依然以劳动力的外出务工为主，由此使得农村老年人对养老服务的需求、购买能力等多方面有很大差异，应结合现实国情进一步深化理论认识。与逐渐发展起来的城市养老服务体系相比，农村的养老服务体系面临更加复杂的背景和更特殊的问题，是制度变迁和模式转型中产生的新问题，对已有理论模式提出了一系列新的挑战，这为相关理论观点的发展提供了机遇。

---

❶ 叶敬忠，贺聪志. 农村劳动力外出务工对留守老人经济供养的影响研究［J］. 人口研究，2009（4）：44－53.

❷ 杜鹏，丁志宏，李全棉，等. 农村子女外出务工对留守老人的影响［J］. 人口研究，2004（6）.

❸ 郭平，陈刚. 2006年中国城乡老年人口状况追踪调查数据分析［J］. 中国社会出版社，2009.

❹ 石人炳. 我国农村老年照料问题及对策建议——兼论老年照料的基本类型，人口学刊，2012（1）.

❺ 王小龙，兰永生. 劳动力转移、留守老人健康与农村养老公共服务供给［J］. 南开经济研究，2011（4）：21－31.

第二章　对城镇化、农村社会变迁和养老的理论探讨

一、乡土社会的变迁

费孝通先生在其《江村经济》和《乡土中国》中提出了乡土中国的概念并构建了乡土中国理论。他认为当时（20世纪40年代）乡土中国是指中国基层乡村社会的基本性质是乡土的，这种乡土性可从三个维度来阐释：一是社会主体的非流动性；二是社会空间的地方性；三是社会关系的熟悉性（费孝通，2001[1]；费孝通，2008[2]）。作为农村社会主体农民长期以来以土地为生，而土地的不可移动性使得附着在其之上的人也不流动。这种围绕土地耕作开展的生产生活模式决定了传统社会中的农民往往世代定居于特定空间区域，除了战乱、政府的移民行动或是灾荒、饥饿导致的被迫背井离乡。因此，只要一方水土能够基本满足生存所需，过去农民要大规模、普遍地发生迁移行为是不常见的。多年形成的对土地、乡土的依赖深刻地影响着人们在文化观念上对家庭、社区及家乡的认同感和依恋，"安土重迁"历来是中国农村居民的共识。在安土重迁这种基本观念的影响下，相应衍生相关的文化传统、价值观念也并不难以理解，例如"离土不离乡""父母在不远游"。

---

[1] 费孝通. 江村经济 [M]. 北京：商务印书馆，2001.
[2] 费孝通. 乡土中国 [M]. 北京：人民出版社，2008.

由于长期定居于斯，农民的各种生产活动、生活活动、社会交往也在特定的、熟悉的场域里展开。仅从社会关系和社会网络的角度来看，农村多年来形成的甚至是世代祖辈沿袭下来的家庭关系、社会关系和人际圈子也相对封闭而稳定。聚居在同一乡土空间或者说村落的人们便构建起有着千丝万缕联系的关系网络，作为单个的个体家庭就不像城市家庭那样相对独立甚至是与外界有明确的隔离界限，农村的家庭与家庭之间由于有了个人之间长久形成的千丝万缕的联系为基础，也就形成家庭、家族、乡里之间稳固的相互依赖关系。同一个村庄的居民常常有远近不等的亲属关系、或多或少的来往互动，乡与亲便自然地联系在一起。

理解农村的养老问题一方面要从纵贯的历史的角度来看，另一方面又要从横截面也即中国农村这种特定环境中来考察，而这两方面都在不断变化，历史的变迁自不必多言，农村社会环境也千差万别，且各地的变化在现代化、城镇化进程中也程度各异，大部分农村的经济和社会环境乃至文化环境近些年来变动尤为剧烈。

采用上述提到的纵贯和横向两个视角来观察，传统的以村庄为基本单位的中国农村在自然环境、人文环境方面往往自成一体，在交通不便、偏远的农村更是典型，这种缺乏与外部连接、相对封闭的客观条件是农村社会形成自成一套体系的根本前提，即使是政府的治理也不得不受此条件的影响，所以历史上有"皇权不下县"的说法。根据一般的行政划分标准，县以下的行政区划常为乡镇、村，在权利难以延伸到的最基层的乡村地带更容易自发形成成员之间稳定而长久的社会关系。成员间的长期频繁互动使得他们之间形成了默契的行为方式及规则。尽管不可否认教育与文化观念的传播渗透有着相当强大的力量，特别是那些历史上就得以流存并广加传播的文化观念更是影响深刻，如中国以儒家为代表的孝文化对于人们养老行为的影响就是至深至远的。在农村，养老的行为方式与规则在很大程度上同样受农村社会所特有的环境影响，长辈与后辈的行为方式更多地是在日常的观察、学习、模仿中一代代地传承下来,并约定俗成地成为行为规则加以遵从,更为重要的是这些行为规则深深地镌刻在人们的思想观念中,成为遵从者们的共同认知。

　　陆益龙教授在费孝通先生提出的"乡土社会"的基础上又进一步提出"后乡土社会"概念,认为"从20世纪40年代至今,中国的乡村社会经历了革命、改造、改革和市场转型四次重大历史变迁"。"在经历这些变迁后费孝通所概括的乡土性内涵在一定意义上发生了变化",进而他用"后乡土中国"来指乡土性特征部分维系的情况下,乡村社会结构所发生的转型(陆益龙,2017❶)。可见,在陆益龙等社会学家看来,当今,传统农村社会的特点并没有被完全瓦解破坏,部分乡土性特点还保留,但已然发生了变迁和转型。

　　如果把后乡土社会作为我国现阶段农村的基本社会背景定位,那么在这样的社会背景之下农村人的养老问题应如何认识?哪些传统的养老方式被保留?哪些又经历了变迁呢?

二、中国农民的"养"老

1. 何谓养老?

　　对以上几个问题的解读首先要先了解养老这一基本概念的内涵和实质。相对于其他社会行为来说,养老这一社会行为自有其独特性,而对这种独特性的把握首先要从养老的内涵和内容分析中才能阐释。

　　首先,什么是养?在汉语中"养"是指抚育,供给生活品,也指饲养动物,培植花草,也有生育,生小孩儿的含义。在养老一词中的"养"大多被理解为赡养、扶养,那么既然涉及赡养、抚养就意味着被养者是缺乏独立性需要他人帮助甚至完全依赖他人的。但"养"还有另一含义即使身心得到休息和滋补之意,如休养、颐养、

---

❶ 陆益龙. 后乡土中国[M]. 北京:商务印书馆,2017.

疗养、养生等，《庄子·养生主》中的"得养生焉"便是这层含义。养老中"养"的意思兼具这两方面的含义，养老既需要他人的赡养、抚养、提供必需品，与英文中的 support 相通；也有颐养晚年、养生之意，而且在后一个含义中更强调自我在养老中的主体作用。因此，养老并非仅指靠他人赡养或帮助，更指个人自身在度过老年阶段中的作用。事实上，无论城市还是农村、过去还是现在，都有很多老年人不但不需要他人经济上的供养或生活上的照料，他们在生命的绝大多数时间里不仅独立不依赖他人，甚至还可以支持、照顾其他人。

所以养老不能简单理解为赡养、照顾老年人，把老年人作为缺乏独立性的对象，这个概念本身事实上还包含着度过、颐养晚年的丰富内涵。进而所谓的养老服务、养老政策也不能单纯设置为给老年人提供的服务、给老年人提供的政策，而应当进一步提升为创造有利的支持环境使老年人得以颐养天年。在养老具备更合理的深厚内涵基础上，才能更深刻地理解养老的内容和性质。

关于养老的内容。由于养老并非只是满足生存需要，人们在进入年迈期后生存与发展都同等重要。因此即使是处于晚年阶段，与其他年龄的人一样，物质与精神的满足对于老年人同样重要。养老的内容更可按照马斯洛的需求层次即生理需要、安全需要、归属和爱的需要、尊重的需要、自我实现的需要来具体化。以养老中的服务问题为例，养老服务不只是生活起居照顾、医疗服务，除这些基本服务内容之外，心理健康服务、情感关怀、老年宜居环境的相关服务乃至社会文化氛围的营造等都应被纳入完整意义上的养老服务之中。

2. 养老网络中的层次结构与多重要素

农村的养老问题并不是孤立的存在，它总是囿于农村的整个社会网络体系中，我们姑且把与养老有关的元素都放入养老网络中加以讨论。事实上，对于具体存在的问题，无论是社会问题也罢、经济问题也罢、文化问题也罢，这些千头万绪的问题最终似乎都可归结到某些基本问题上。对"三农"基本问题的判断历来有多种看法，如贫困、人地矛盾、教育匮乏、治理方式落后等，不一而足。2017年中央一号文件《中共中央、国务院关于深入推进农业供给侧结构性改革加快培育农业农村发展新动能的若干意见》中指出："农业的主要矛盾由总量不足转变为结构性矛盾，突出表现为阶段性供过于求和供给不足并存，矛盾的主要方面在供给侧。""农产品供求结构失衡、要素配置不合理、资源环境压力大、农民收入持续增长乏力等问题仍很突出。"结构矛盾的问题、资源环境的问题、收入增长的问题被认为是当前"三农"最突出的问题。

对于微观个体的农民和农民家庭而言，经济收入相对低下、增长乏力是影响其生活质量的最基本因素，资源匮乏、人地矛盾、生产方式和技术水平落后、受教育水平较低固然是导致经济弱势的上游根源。而这些上游根源最终汇聚起来形成的便是经济问题。经济的基础地位决定了城镇化、人口流动的必然性，留守老人问题、代际关系问题等若干养老问题均不应脱离这个前提条件。

与过去的农村相比，诚然贫困的程度已大大改善，饥饿、赤贫状态在绝大多数农村已属罕见。农村劳动力持续多年源源不断地外出、农业生产方式转变、农村人口劳动就业的非农化转变等应该说已逐渐改变了过去依靠土地谋生存的方式。外出打工就业收入、非农劳动收入已经成为农村人口的主要经济来源。所以，从总体趋势来看，经济增长方式的逐步变化使农村赖以延续千百年的传统农业经济基础在不断瓦解。在这样的趋势下，农村各种新生的或是本来就长期存在的社会问题就不能不在新时代背景下重新审视。

在中国，养老问题置于一个层层嵌套的网络结构之中，个体、家庭、社区、社会形成了一个由下至上层层嵌套和包含的关系，我们把中国农村与养老有关的这种结构及其多重要素用图2.1来表示。

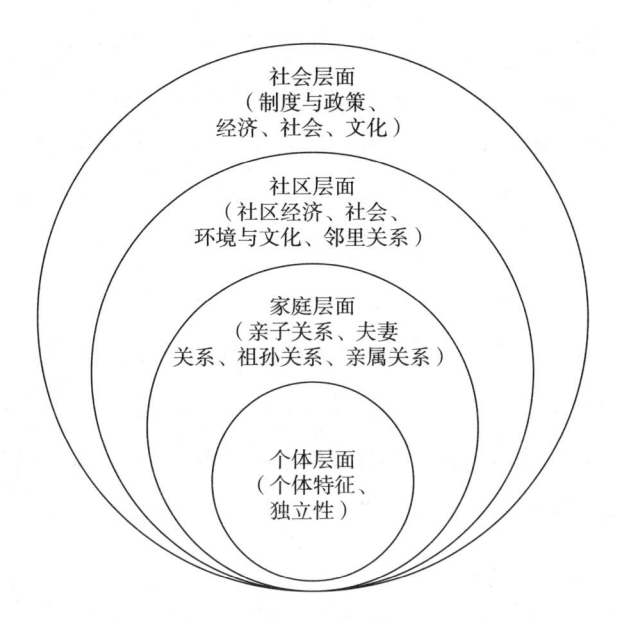

图 2.1　养老网络中的嵌套结构及多重要素

第一层：基础层面——个体。作为养老的主体，可以说个人的一切特性均与养老质量有关，尤其是决定了个人在晚年期能否独立生活的健康条件、经济条件、劳动能力更是农村老年人养老的根本因素。是自养还是他养、被别人照顾还是能够照顾别人、独居还是与他人同住、是否需要服务及需要什么样的服务等均取决于个体的上述条件和能力。因此，本研究将在后文中对农村老年人的健康、经济等基础性问题进行分析。

第二层：核心层面——家庭。家庭在个人养老中扮演极其重要的角色，在中国农村家庭的养老作用和功能更是尤为突出，甚至被认为是养老的根基所在，对农村养老问题的研究很难脱离对以家庭成员关系为核心的各种社会关系的探讨。基于我们以往对农村老年人的相关研究，我们认为尽管家庭内包含着若干社会关系，但与养老更密切的关系主要有亲子关系、夫妻关系、祖孙关系。

就养老问题来说，父代与子代间的亲子关系居于诸种社会关系的最核心位置。代际关系在微观层面体现为一种家庭结构或家族结构，在宏观层面则表现为一种社会结构。[1]家庭代际结构体系依据血缘、伦理和法律等自然和社会制度安排形成社会代属之间的社会关系。在现代社会中，老年人与中青年子代之间的代际关系尤其重要。在我国，一种普遍接受的理论观点认为家庭养老表现为对抚养行为的一种反馈行为，也就是费孝通先生提出的"反馈模式"，即父母抚养年幼的子女，在父母年老后子女通过赡养父母来体现回馈和报答；也有理论基于经济学原理把代际间的亲子关系解释为交换关系，强调交换关系的主体是对等的，且讲究互惠（Becker，1991）[2]。关于代际关系的理论还有如利他主义、权利与互惠等。中国农村家庭围绕养老所体现出的代际关系特点和变化是本研究必须要探讨的一个重要话题。

在婚姻基础上建立起来的夫妻关系和家庭关系与老年人的主观幸福感密切相关。当前中国老年人的家庭正经历深刻变化，传统的家庭养老方式受到冲击。近年来的研究发现，中国老年人家庭正面临核心化、小型化趋势，主导家庭关系的核心力量由亲子关系转化为夫妇关系，中国进入老年人独居和与已婚子女同居并存的阶段，大量隔代家庭出现（王跃生，2014）[3]。2010年，生活在空巢家庭中的老年人比例已经超过三分之一，而随着年龄的增长，老年人只与配偶同住的比例逐渐下降，独居比例逐渐提高（孙鹃娟，2013）[4]。对农村老年夫妻关系和隔代照顾关系的考察也将在后文中涉及，它们是认识老年人在家庭中的角色和作用是否变迁以及家庭养老需求不可忽视的领域。

---

[1] 邬沧萍，姜向群. 老年学概论［M］. 第3版. 北京：中国人民大学出版社，2014.

[2] Becker, G. S. 1991. A Treatise on the Family (Enlarged Edition). Cambridge：Harvard University Press.

[3] 王跃生. 三代直系家庭最新变动分析——以2010年中国人口普查数据为基础［J］. 人口研究，2014（1）：51–58.

[4] 孙鹃娟. 中国老年人的居住方式现状与变动特点——基于六普和五普数据的分析［J］. 人口研究，2013（6）：35–42.

第三层：社区环境。区域之间的差别广泛存在。乡村与乡村的差异不仅体现在自然资源、地理区位、历史积淀的不同，养老的社区环境在不同的农村也呈现多样性和差异性。社区环境主要由社区的自然经济资源（气候、土壤、水质、矿物质、土地资源、森林资源、经济条件等）和人文环境（历史、文化、管理水平、保障和服务水平、凝聚力等）组成。养老质量直接或间接地与社区环境有密切联系，如长寿地区往往具有独特的自然地理条件，经济发达地区的农村养老服务水平也通常更高。在城镇化进程中很多乡村已经发生了显著改变：或是人口大量外出成为空心村、空巢村，或是乡镇产业发展替代传统农业生产方式而使乡村原有环境大为不同，或是因土地流转人们的生产生活方式变化而更具城镇特点……。社区环境的多样性和先天禀赋的巨大差异使我们很难就各种类型展开分析，但无论地区差异怎样，从社会学、老年学的角度看，它们在理论上都共同存在着一个问题：城镇化的进程是否会通过社区环境的改变加速家庭养老的弱化，从而向现代化的养老方式转变？

其中社区环境的自然环境有可能因城镇化而改变，如自然环境改造、土地森林等资源的功能变化使老年人居住的外部环境不同于过去，交通更加便利、生活设施更加完备、居住条件更加提升通常是当前农村社区环境发展的共同方向。而社区环境中的经济环境因城镇化力度不一就千差万别了，基于地方经济条件而为老年人提供的福利服务待遇便表现出明显不同。值得特别强调的是社区人文环境，尤其是其中社区养老文化、对于社区中老年人价值和作用的普遍性认识的变化可能是城镇化带来的一大深刻影响。由于外部支持力量的薄弱，使农村居民的养老更依赖于家庭成员特别是子女，而在缺乏有效法制规则约束的前提下，子女肩负的养老责任则更主要由血缘亲情、道德习俗、文化传统、社区舆论的力量来维系或制约。血缘亲情会不会因为城镇化而淡化将会在本书的后续章节给予阐述，但城镇化对社区养老文化、习俗、道德、观念这些内在力量的改变却是一个在当下人们能够观察到、感受到的现实图景。

根据认知行为理论，子女、配偶、邻里、朋友等以怎样的方式（行为）来赡养、对待老年人取决于他们对老年人的看法和认识。而个人的看法和认识虽不免带有主观性和个性色彩，但外界环境普遍存在着的共同态度和看法亦会潜移默化地影响个人的认知，这在相对封闭的乡村更是如此。城镇化使得人口从不流动变得流动、生产劳动从农业劳动为主逐步转向以二三产业为主、土地价值从单纯的生长作物向多用途高价值发展、生活方式从典型的乡村生活迈向市场化的城市居民生活方式、大量原本由家庭承担的保障和服务外移为公共保障和服务。这些根基性因素的变化必然逐渐蚕食原有的传统养老文化，在经历一个或漫长或相对短暂的过渡期后形成新的农村养老文化，又或者彻底被以现代化为代表的城市养老文化所取代。

第四层：社会层面。养老作为一种个人的、家庭的、社会的活动，对于农村居民而言有特定的内涵和性质，对于养老行为需要首先在理解农村养老建立的经济、社会、文化基础上方能得到合理解释。在这几个基础要素中，经济要素过于复杂，但却是决定性因素。中国农村经济在中华人民共和国成立后的短短几十年里历经了土地改革、集体农业、包产到户、家庭承包责任制等一系列改革过程，农村经济发展的原因、机制、结果、影响错综复杂，是决定农村社会和家庭养老资源变化的主导力量。社会层面中的制度、政策、文化等因素也直接或间接地关系到农村老年人的利益所得。可以说，社会层面既是宏大的背景性、决定性层面，对于研究而言，也是在分析种种问题之后需要凝练所至的层面。

三、城镇化、人口流动与养老的理论探讨

城镇化只是一个笼统的、大致的概念，对个体和家庭来说，以怎样的方式来实现城镇化恐怕才真正有实质意义。例如，若是以子女外出流动为主，则居住分离必然是讨论养老问题的基本前提；而

以土地流转、农民上楼为主导的城镇化方式就应从生产生活方式转变、社会环境和社会网络变化为基础。改革开放以来，农村劳动力向城镇地区的迁移流动始终是我国经济发展的重要动力，也是深刻影响农村养老等一系列问题的根源。我国的流动人口规模大、持续时间长，很多问题错综复杂，如何认识其中的养老问题也必须建立在相关理论和学说的基础上。总的来说，在人口流动与迁移的研究中，我国借鉴、采纳得较多的国外有关理论主要有推—拉理论、刘易斯的二元经济模型和托达罗模型。本研究将在这些经典理论学说的基础上结合农村养老问题作理论思考。

1. 户籍制度下的推—拉力与农村遗留人群

在解释人口迁移流动的原因方面，博格等人提出的"推—拉"理论认为移民迁出地与迁入地之间由于自然环境和社会经济发展的空间差异形成推—拉力的外部机制及移民个体差异的内部机制❶。该理论认为每一个地区都同时存在某种吸引人的因素和排斥人的因素，正是在这些因素的综合作用下发生了人口的迁移；当影响迁移的主要因素在原住地表现为斥力时，流向效率较高。此外，推—拉理论认为迁移者具有五种特征：（1）迁移具有选择性；（2）人口迁移可以分为正向人口迁移和负向人口迁移；（3）迁移的中间障碍越大，被淘汰的弱者越多，则迁移的选择性越强；（4）迁移选择的过程与人的生命周期有关；（5）迁移人口的特征，介于原居住地人口和迁入地人口之间❷。古典的推—拉理论主要强调劳动力迁移是由迁入和迁出地的工资差别引起的，并从一般均衡的观点认为人口迁出地由于劳动力减少而将引起工资上升，迁入地则由于劳动力的增加而相应地工资下降，最后两地工资达到均衡，即劳动力流动停止。李在博格和列文斯坦的基础上进一步解释了从迁出地到迁入地

---

❶ 林毅夫. 中国经济研究：1995—1999 [M]. 北京：北京大学出版社，2000：51-56.

❷ 邬沧萍. 人口学学科体系研究 [M]. 北京：中国人民大学出版社，2006.

的过程中所遇到的吸力和阻力以及不同人群的反应。包括迁出地的影响因素、迁入地的影响因素、迁移过程的障碍和个体特征四方面的内容。他认为，迁出地和迁入地的许多因素对迁移决策产生影响，人们对迁出地和迁入地的了解程度影响迁移决策；在迁移时会遇到许多障碍因素，这些因素既有客观方面的，也有心理方面的；面对阻力，不同的人群做出不同评估和决定，因为个体特征是不一样的❶。

推—拉理论对于人口流动产生的原因、流向、流动者的特征等具有显著的解释力，得到了广泛的认同，我国的城乡、地区差异显著，人口流动受流出地推力和流入地拉力的影响很大，因而在我国很多学者进一步扩展了推—拉理论的推力和拉力所包含的因素，也形成了一些颇具解释性和说服力的成果。

但在我国的社会背景下，推力与拉力对人口迁移流动作用显然还必须加入户籍的因素。在户籍这一强有力的制度力量作用下，从农村到城市的人口迁移流动还受到这样两方面的强化作用：一方面，户籍加剧了约束农业户籍人口于农村的"拉力"，更准确地说是约束力，使来自城市的拉力被削弱；另一方面，城市户籍所附属的显性及隐形福利、保障如教育、就业等又有力地增强了吸引农村人口流入的"拉力"，为城市对外来人口的吸引力锦上添花。从人的生命周期来看，城市的拉力吸引了那些能够突破阻力到城市谋求更高收益的青壮年劳动力，但由于户籍壁垒的存在他们很难真正在城市融入，更难以获得与城市居民同等的待遇。因此他们中很多人的子女、父母会被"留"在农村，成为留守儿童、留守老人。而对于这些流入城市的中青年人，待到他们年龄越来越大，劳动能力降低甚至进入老年后，相当一部人还得回到农村老家，或与老家临近的县城。

户籍制度的存在使得以人口流动为主导的城镇化过程并不完

---

❶ 朱杰. 人口迁移理论综述及研究进展［J］. 江苏城市规划，2005（8）.

整，它排斥了处于生命初期阶段和晚期阶段的农村儿童和老年人的城镇化，所以对于那些不能实现农民身份有根本性转变的农民工而言，他们父辈的养老以及自身的养老通常还要回到农村去完成。倘若这一规律成为普遍趋势，农村人的养老便依然要在农村这一特定的社会背景下来看待，城镇化、人口流动只是对中间段的人口发生直接作用，老年人仅间接地受惠于人口流动带来的经济福利，甚至要为年轻人外出遗留的其他事务如照料孙子女、劳动负担加剧等付出成本，在情感和照料获得上还要面临居住分离带来的种种问题。李强认为中国的户籍制度具有"社会屏蔽"的功能，将社会上一部分人屏蔽在分享城市的社会资源之外❶；也因为这种原因，有学者认为户籍制度的存在使得流动人口的城乡迁移行为在一定程度上是从一个边缘社会（农村）进入另一个边缘社会（城市边缘）❷。

但另一个事实是，仅从养老的角度而言，我国受户籍影响的大规模乡—城人口流动事实上发生发展于改革开放以后，这一过程不到四十年，20 世纪 80 年代初率先背井离乡进入城市的农村劳动力也仅处在老年阶段的中低龄时期，还有大量的流动人口尚未进入老年，在哪里养老还未成为普遍性的问题。而在这一进程中我国的社会经济环境已然发生了翻天覆地的变化，农村和城市的推力和拉力因素也发生了若干转变，有的甚至是逆转（如农村户籍的价值）。

2. 迁移流动行为的个人决策与家庭决策理论

在对劳动力迁移原则进行解释的众多研究中，最著名的莫过于刘易斯和托达罗的新古典迁移模型。刘易斯第一次从宏观的层面上揭示了劳动力转移的动力和过程，尤其是他提出的二元结构逐渐转

---

❶ 李强. 当前我国城市化和流动人口的几个理论问题 [J]. 江苏行政学院学报，2002（1）：61-67.

❷ 王春光. 中国职业流动中的社会不平等问题研究 [J]. 中国人口科学，2003（2）：1-13.

化为一元,农村剩余劳动力被全部吸收的时点即"刘易斯拐点"❶具有广泛的影响力。而托达罗模型用来解释我国在城镇即使有大量失业和严重不充分就业的情况下,依然出现大规模的乡—城劳动力迁移现象,也具有一定说服力,例如该模型认为城乡劳动力迁移的动力是劳动力在城市获得的预期收入,而非即期绝对收入;人们在作出迁移决策时,不仅考虑短期内的预期收入和成本,而且考虑长期的预期收入和成本,甚至从整个生命周期来权衡;如果长期收入能弥补短期损失,他们也会作出迁移决定。

关于迁移行为的理论大多假设个人为决策主体,而新经济迁移理论却强调家庭作为决策主体的重要性,根据家庭预期收入最大化和风险最小化的原则,决定家庭成员的外出或迁移。在当地市场条件下,家庭收入是不稳定的,为了规避风险和使收入来源多元化,家庭会决定部分家庭成员外出打工或迁移来转移风险,减少仅依赖于以往传统的或单一的收入来源的方式;家庭成员的迁移还能够获得必要的资金和技术❷。

从我国农村劳动力的迁移流动方式及其家庭成员对迁移流动所作出的支持行为来看,家庭迁移决策理论对于解释我国农村人口的流动迁移具有较强的作用。根据家庭迁移决策,绝对预期收入水平、相对参照收入水平、外出获得的其他收益等都会影响着迁移者及其家庭成员作出是否迁移的决策。基于迁移的家庭决策,老年人的居住安排、养老方式、代际互助乃至生活方式等自然也就围绕这一决策所要达到的目标而展开。应该说,对于有着紧密凝聚力的中国农村家庭,劳动力的外出绝不单纯是个人的事情,它必然会改变传统社会里的家庭养老方式;而老年人对于子女的外出也并非被动接受,同样也会基于家庭发展的整体考虑而选择适应甚至积极支

---

❶ W. A. 刘易斯. 二元经济论 [M]. 施炜等译. 北京:北京经济学院出版社,1989.
❷ 国家人口和计划生育委员会流动人口服务管理司. 流动人口理论与政策综述报告 [M]. 北京:中国人口出版社,2010.

持。总之，正是存在着家庭成员间紧密的联系，才使得城镇化、人口流动不仅仅在宏观上改变了人口的空间分布、城乡融合、现代化经济社会的发展，也在微观上使成年子女因流动带来的经济收益也能惠及并未流动的老年父母，反过来，迁移流动的成本也由包括父母在内的家庭成员共同承担。

3. "投资—收益"理论中的养老问题

经济学家西奥多·W. 舒尔茨（T. W. Schultz）在《人力资本投资》一书中，把"个人和家庭进行流动以适应不断变化的就业机会"看作人力投资的五个主要方面之一❶。斯达科用这种观点来解释人口流动的原因。认为人们流动时的花费是投资的成本，流动后的所得则是收益。因此，对流动行为的决策取决于流入地的平均收入是否超过流出地的平均收入加上流动过程中的其他支出，前者超过后者则选择流动，否则就不流动。所以人们的迁移是比较理性的，但信息残缺时也会发生非理性的迁移行为❷。用迁移"投资—收益"来解释迁移行为是否发生无疑具有内在合理性，但进一步结合上述关于家庭决策在迁移中的作用，迁移者对投资与收益的评估是否应纳入更为宽泛的家庭因素就是一个值得思考的问题。特别是在中国尚有户籍壁垒的情景下，迁移被认为是不完整的，儿童与老人往往难以共同迁移，迁移流动所需付出的家庭成本可能更高，如老年人劳务负担加大的成本、儿童家庭教育缺失的成本以及一些隐性成本如居住分离带来的孤独、情感慰藉缺乏等。

人口迁移和流动是城镇化的主要形式之一，有关的理论和学说思想十分丰富，所涉及的学科领域也很广泛。我们虽然关注的是受人口流动或城镇化影响下的人，特别是老年人，但农村人口流动的

---

❶ T. W. 舒尔茨. 人力资本投资 [M]. 吴珠华等译. 北京：北京经济学院出版社，1990.

❷ 李家伟，刘贵山. 当代西方人口迁移与流动的理论、模式和假说述评 [J]. 新学术，2007（5）.

内外在动因、机制、规律等无不是影响农村老年人生活质量的根本。本章着重阐释分析的这几个迁移理论学说为认识城镇化背景下的农村老年人养老提供下一步研究思路和基础。根据对相关人口迁移理论的梳理与分析，我们认为：

第一，户籍制度的存在强化或削弱了城乡间的推力和拉力，使我国过去以人口流动为主导的城镇化并不完整，当前已经"老了"的人更多地需要在农村养老，并不能因为自己曾经作为农民工外出或子女在城里工作就真正能够在城里养老；而对于农民工或流动人口自身未来的养老，基于城乡间的推—拉因素还在迅速变化中，他们是否回到农村还是留在城市养老是一个值得探讨的问题。

第二，在我国的社会文化背景下，家庭迁移决策理论对于我国农村人口的流动迁移具有较强的解释作用。对农村老年人问题的分析不能脱离家庭视角，应以家庭为单位，以成年子女和老年父母间的代际关系为主线探讨城镇化对养老带来的影响。

第三，在考虑迁移流动的成本和收益时，应从家庭成员整体而不仅仅从迁移者个人来看待，老年人因子女的外流而承担的成本及获得的收益均应纳入我国城镇化和人口流动的影响评估中。

第三章　农村家庭转变与家庭养老资源

家庭作为社会的基本单元，是基于血缘和亲缘关系组建起来的生活共同体。对于老年人来说，家庭是获得支持的重要支柱，在我国，家庭养老是传统的养老方式，家庭成员对于满足老年人经济、照料、精神等多方面的需求具有难以替代的作用。而在快速城镇化和现代化进程中，家庭的变化是显而易见的。家庭规模、结构、形态、功能的变化都关系到家庭养老资源的多寡及可及性。尽管很多研究或日常生活中人们常说家庭养老功能在弱化，但对于广大农村的老年人来说，随着城镇化程度的持续加深，家庭的养老作用究竟是不是真的弱化了？农村家庭在养老这一重要事务上究竟在发挥哪些作用？这是本章期望通过理论和实证分析探讨的主要问题。

一、城镇化与家庭转变

本章涉及的核心概念是家庭、家庭转变、家庭养老。关于城镇化概念及理论等已在前文叙及，故集中于围绕农村家庭和与养老有关的家庭变迁展开论述。家庭的养老功能依托于家庭成员之间的关系以及基于这些关系呈现的各种养老资源和行为。

传统家庭中的父母对成年子女拥有强有力的支配权，由此也导致子女对父母强烈的感情依附，对赡养老年父母的尽心尽责，以及人们对扩大家庭的偏好（费孝通，1985）❶。长者权力的维持很大程度上取决于他们对家庭财产的控制、农村家庭作为消费和生产单位的一体性以及儒家道德伦理的强化。中国20世纪的政治与社会再组织、迅速的工业化和城市化，以及政府为建立公民意识所做的努力在客观上打破了产生与维持以"长老统治为特点的旧式家庭秩序的社会条件，家庭中长者的权力和权威被大大削弱了"（陈皆明，1998❷；石智雷，2015）❸。

  由于种种因素引发的家庭转变可能会使得原有家庭成员间的养老模式被改变（或被削弱甚至打破）。所以有必要把家庭转变作为一个基本前提或背景作一定阐释。家庭转变作为社会变化在家庭中的反映，通过婚姻、家庭成员构成、居住方式、互动形式、家庭文化和观念等多方面的变化体现出不同于传统家庭的明显特征。有研究认为家庭转变是人口转变的一个重要方面，包含婚育推迟、生育率下降、不婚同居、离婚增多等带来的一系列家庭结构和功能的转变（Burch，1967❹；刘爽 等，2012❺）。西方的家庭转变理论认为，在现代化、工业化、城市化以及人口转变影响下，受到多重人口、社会和经济因素的影响，家庭规模和结构表现为在人口转变的前期家庭规模趋于扩大、后期家庭规模不断缩小乃至趋于平稳、家庭结构趋于核心化（Bongaarts，2001❻）。中国家庭的规模、结构和功能的转变基本符合西方家庭转变理论，但在家庭功能上有不同于西方

---

❶ 费孝通. 乡土中国［M］. 生活·读书·新知三联书店，1985.

❷ 陈皆明. 投资与赡养——关于城市居民代际交换的因果分析［J］. 中国社会科学，1998（6）.

❸ 石智雷. 多子未必多福——生育决策、家庭养老与农村老年人生活质量［J］. 社会学研究，2015（5）.

❹ Thomas K. Burch, The Size and Structure of Families: A Comparative Analysis of Census Data, American Sociological Review , Vol. 32, No. 3 (Jun., 1967), pp. 347 - 363.

❺ 刘爽，卫银霞，任慧. 从一次人口转变到二次人口转变——现代人口转变及其启示［J］. 人口研究，2012（1）

❻ John Bongaarts, Household Size and Composition in the Developing World in the 1990s, Population Studies , Vol. 55, No. 3 (Nov., 2001), pp. 263 - 279.

国家的独特性（王跃生，2013❶）。

引发家庭转变的因素复杂多样，其中城镇化、人口流动是驱使中国农村家庭发生显著变迁的重要因素。研究认为城镇化、现代化、人口流动、社会的垂直和水平流动都会对家庭转变施加影响（杨菊华，2014❷）。家庭转变在宏观和微观层面都产生了深远影响，如有研究认为大规模的人口流动影响到住房市场的供需，家庭结构转变会影响到收入不平等格局（Chu and Jiang，1997；Martin，2006）。家中老年人比例上升对政府财政风险有影响（杨勇，2012❸）。在微观方面，家庭的转变直接作用于家庭成员，影响到代际关系。随着家庭逐渐转变，家庭代际关系发生代际重心下移、代际关系平权化等的转变（王跃生，2011❹）。但同时，中国家庭代际关系也出现了"代际失衡"问题，子代更多扮演资源"获得者"而非"给予者"（刘汶蓉，2012❺），这一观点已不同于费孝通先生提出的"反哺模式"（费孝通，1983❻）。

城镇化是否会冲淡亲子关系？理论上来说，基于血缘关系形成的亲子关系是人类社会最为稳定和坚固的关系。即便是在所谓的"接力"模式下的西方社会里，家庭中老年人与成年子女间的相互支持也大量存在。城镇化对于有成年子女的家庭来说，首先要判断是否改变了以往的亲子关系模式。其次，如果改变，什么原因导致了改变？如果没有改变，哪些因素维系了外部环境变而家庭内部关

---

❶ 王跃生. 中国城乡家庭结构变动分析——基于2010年人口普查数据 [J]. 中国社会科学，2013（12）.

❷ 杨菊华，何炤华. 社会转型过程中家庭的变迁与延续 [J]. 人口研究，2014（2）.

❸ 杨勇. 基于人口老龄化的养老保险风险分析 [J]. 新疆大学学报（哲学·人文社会科学版），2012（1）.

❹ 王跃生. 中国家庭代际关系内容及其时期差异——历史与现实相结合的考察 [J]. 中国社会科学院研究生院学报，2011（2）.

❺ 刘汶蓉. 反馈模式的延续与变迁：一项对当代家庭代际支持失衡的再研究 [J]. 上海社会科学院出版社，2012.

❻ 费孝通. 家庭结构变动中的老年赡养问题——再论中国家庭结构的变动 [J]. 北京大学学报（哲学社会科学版），1983（3）.

系相对不变？再次，根据上文论及的养老内容，物质经济支持、生活照料、精神慰藉作为养老的三大内容，它们变化（或不变）的事实结果如何？即何以证明它们变化与否。

二、农村家庭中的养老资源：状况与变化趋势

代际关系一直是我国谈论家庭养老甚至整个养老体系中的关键词。在社会学、老年学等学科的相关研究中，代际关系常被作为衡量家庭养老的核心，也取得了有代表性的、有特色的研究成果。但我们认为，代际关系必然建立在特定的历史、经济、社会、文化基础之上，家庭内部养老资源水平、家庭外部资源水平（如社会保障、社会化的养老机构和服务）、社会文化环境（如孝文化、传统观念和习俗）这几方面的共同作用才是真正塑造代际关系表达形式和作用功能的根本基础。所以从家庭养老资源的角度来观察代际关系是非常必要而有价值的。在本章中，结合调查数据的可获得性，农村老年人家庭的养老资源通过子女状况、居住方式、代际互动模式、代际关系评价这几个主要领域体现。

1. 家庭规模和家庭成员构成

老年人生活在怎样的家庭中、与谁一起居住对老年人的身心健康、照料方式、经济来源、社会支持、代际关系等很多方面都有重要影响。2014年我国农村老年人的家庭规模平均为3.52人，留守老年人的家庭规模更小，为3.23人，非留守老年人的家庭规模为3.84人。

对于"和您同吃同住的都有哪些人？"这一多项选择题，在与老年人同吃住的家庭成员中，配偶占27.9%，是选择人次最高的选项；其次是孙子女，占21.6%；选择同吃同住者为儿子的在总体中占20.7%，儿媳为18.3%；而与女儿、女婿同吃同住的比例仅分别为3.0%和2.3%。由此看出除了老伴外，与农村老年人同吃住

的家庭成员多为儿子、孙子女，与女儿女婿同吃住的比例并不高。

2. 居住方式

祖孙三代甚至多代同堂一直是我国传统的老年人居住方式。直到 20 世纪 80 年代中国家庭结构及老年人居住方式的传统模式仍保持相对稳定（Cartier，1995❶）。即便是到了 20 世纪末至 21 世纪初与子女、孙子女三代共同居住的类型依然是中国老年人最主要的居住方式（曾毅、王正联，2004❷；杜鹏，1999❸），农村更是如此。实证研究发现老年人的居住方式受子女数量、性别等人口因素以及婚姻、经济收入、住房等经济条件、社会规范的影响（焦开山，2013❹）。不同居住方式下的老年人对于各种养老资源的需求也会有所差异，并对社会保障、福利和服务等都会产生影响。

老年人的居住方式通常可划分为单身户、夫妻户、一代户、二代户、三代及以上户几类。按照人口普查及很多抽样调查中老年人家庭成员的信息，上述几类居住方式具体包含的类型如下：（1）一代户包括仅老年人单独居住的单身户、仅有夫妻二人居住的夫妻户、其他一代户（如老年人与兄弟姐妹构成的家庭户）；（2）二代户包括仅与子女同住（核心家庭）、仅与孙子女同住（隔代家庭）、仅与父母同住、其他二代户；（3）三代户包括与子女和孙子女同住、与子女和父母同住、与父母和孙子女同住、其他三代户；（4）四代及以上户由于所占比例不大，不再进行细分。

2014 年的调查表明，我国农村老年人的居住方式构成为：

---

❶ Cartier M. Nuclear Versus Quasi – stem Families：the New Chinese Family Model [J]. Journal of Family History，1995，20（3）：307 – 327.

❷ 曾毅，王正联. 中国家庭与老年人居住安排的变化 [J]. 中国人口科学，2004（5）：2 – 8.

❸ 杜鹏. 中国老年人居住方式变化的队列分析 [J]. 中国人口科学，1999（3）：53 – 58.

❹ 焦开山. 中国老年人的居住方式与其婚姻状况的关系分析 [J]. 人口学刊，2003（1）：78 – 86.

13.9%独居、27.1%仅与配偶同住、49.5%与子女同住，9.5%与他人同住。为了比较子女外出情况对农村老年人居住方式的影响，我们把老年人划分为无子女外出、部分子女外出和全部子女外出三类，结果发现这三组老年人之间的居住方式差异显著，通过了卡方检验（显著度0.000）（见图3.1）。

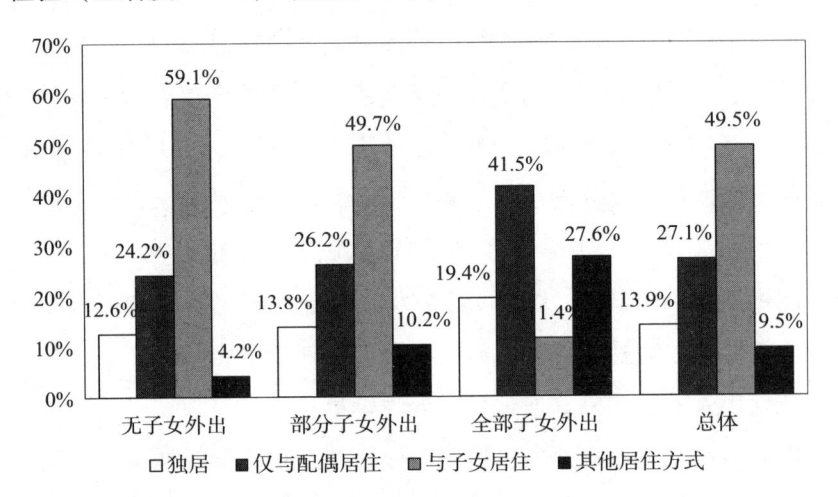

图3.1 子女外出情况与农村老年人的居住方式

注：由于对数据进行了四舍五入，百分比总和可能不为100%。

图3.1表明相对于没有子女外出的老人，有子女外出的老年人独居和仅与配偶同住的比例都明显更高，而与子女同住的比例更低，例如，部分子女外出的老人独居和与配偶同住的比例分别为13.8%、26.2%，全部子女外出的老人这两个指标分别上升到19.4%、41.5%。也就是说，如果农村老年人的部分子女外出，他们中可能有40%的人生活在空巢家庭中，而如果全部子女外出的话，则有61.9%的人生活在空巢家庭。调查结果证实了子女流动外出会大大增加农村老年人空巢、独居的数量和比例。劳动力外出数量越庞大的农村地区农村老年人的空巢情况越普遍。老年人的空巢、独居、留守状态已是我国农村地区的一个现实图景。

比较全国普查数据的结果可进一步说明农村老年人的空巢独居

化是客观趋势。2010年第六次人口普查发现农村老年人独居的比例为9.17%、仅夫妻二人的家庭比例是26.45%，二者合计为35.62%，明显高于1990年、2000年第四次、第五次人口普查的相关结果。

3. 农村老年人的子女：流动的一代

应该说，城镇化对中国农村老年人的影响更多地是通过子女的变化间接体现出来的。子女的数量可以说是决定农村老年人家庭养老资源的基础性要素。现阶段的老年人在生育时期尚未受我国计划生育政策的影响，相对于城市老年人来说，当前农村老年人中受严格计划生育限制的比例又更低，因此农村老年人仅有一个子女的独生子女家庭并不多见。以2014年CLASS调查❶为基础进行分析发现，农村老年人的平均健在子女数为3.47个，留守老年人的子女数为3.60个，高于非留守老年人（3.33个）。图3.2是留守与非留守老年人子女的数量构成情况，留守老年人拥有3个以上子女的比例要高于非留守老年人，相对地，非留守老年人子女数为2个以下的比例更高。仅从微观上家庭子女数量的差异来比较，我们认为改革开放以来，中国农村之所以能够源源不断地向城镇输出劳动力，与农村家庭中子女数量较多有关，这也是近几十年来农村劳动力外出成为中国城镇化主要驱动力量的前提之一。

---

❶ "2014年中国老年社会追踪调查"（China Longitudinal Aging Social Survey，以下简称CLASS调查），是由中国人民大学老年学研究所组织、中国调查与数据中心负责具体执行的全国性老年大型社会调查项目。该调查收集了老年人及其家庭成员经济收入等基本信息。CLASS调查采用分层多阶段的概率抽样方法，选定县级区域（包括县、县级市、区）作为初级抽样单位，村/居委会作为次级抽样单位，对我国29个省（自治区/直辖市，不包括香港、台湾、澳门、海南、新疆和西藏）的年满60周岁的老年人进行抽样调查。调查共获得134个县（区）、462个村（居委会）、11511个老年人的相关信息。

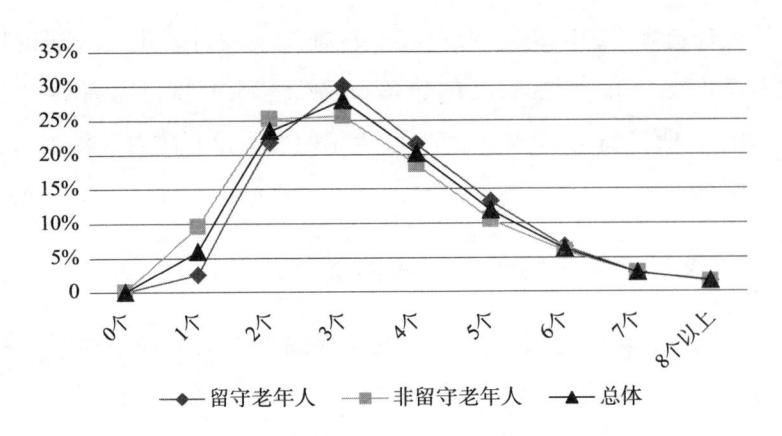

图 3.2　农村留守与非留守老年人的子女数量构成

农村留守老年人平均有 1.87 个子女是外出子女（在调查时已离开家半年以上），即留守老年人的健在子女中有超过一半的子女在外流动。虽然六成左右的老年人子女是在省内流动，但有近四成的子女是跨省流动。远距离流动的子女往往因为与老年父母较长时间的分离而影响了对父母的照料支持。进一步结合留守老年人子女数量和外出情况进行分析（见表 3.1），其中全部子女都外出的占 23.8%，其余为部分子女外出。比例最高的是 2 个子女中有 1 个外出、3 个子女中有 1 个外出，这与农村老年人的子女数量有关。

表 3.1　农村留守老年人外出子女数量构成

子女数及外出子女数		比例
全部子女均外出	1 个且外出	2.8%
	2 个且外出	8.5%
	3 个且外出	7.4%
	4 个且外出	3.2%
	5 个且外出	1.9%
部分子女外出	2 个子女 1 个外出	13.5%
	3 个子女 2 个外出	9.5%
	4 个子女 3 个外出	4.2%
	5 个子女 4 个外出	3.2%

续表

子女数及外出子女数		比例
部分子女外出	3个子女1个外出	13.1%
	4个子女2个外出	6.1%
	5个子女2个外出	3.8%
	4个子女1个外出	8.2%
	5个子女2个外出	5.4%
	5个子女1个外出	9.1%
合计		100%

4. 对互动模式的个案分析

在城镇化和劳动力流动过程中，随着家庭的逐渐变化，当前农村老年人与子女的互动方式有哪些特点？是与传统社会里的农村代际互动方式一致还是发生了怎样的转变？对此，在后续章节中我们还将专门针对代际关系中的重点领域如经济往来、照料支持等进行剖析，而在本部分我们认为有必要通过个案深入观察和访谈的方式去描述活生生的农村老年人生活场景，下文中的案例来自于课题组成员于2016年至2017年在河北、江西、浙江等地农村开展的实地个案访谈资料。具体地点和人名将隐去。

（1）重重障碍下的反哺模式。

应该承认在多数人的观念和实践中，农村人养老的职责自然地由家庭成员尤其是子女来承担，在我们的调研中也发现，老人只要身边尚有子女，基本都会与子女一同居住或就近居住，以获得必要的照料或只是简单的日常生活中的相互照应。在农村，子女给老年父母的经济资助也很常见。农村老年人对于家庭成员间情感上的联系与依赖常通过各种直接或间接的方式流露出来。老伴、子女、孙子女这些家庭核心成员构成了农村老年人社会网络的绝对主体。反哺式的养老模式在现今农村依然发挥作用的同时，也面临着由于农村社会经济转型、城镇化以及人们观念变化引发的淡化，要实现传统中国农村完整意义上的反哺在当下已面临重重障碍。

LHY，女，76岁，江西上犹县某村，有三个儿子、三个女儿。大儿子和二儿子在县城买了房子，已经搬到城里住了。目前老人的户口与小儿子家在一起，却没有和小儿子家一起住。前年老伴去世后她就独自居住了。身体状况一般，虽然去年没去医院，但会有小感冒、贫血、腿疼，一个人没法去赶集买东西了。三个女儿通常在她生日的时候和过年过节的时候会来看望，而三个儿子一般只有过年的时候才会回来。小儿子在广东打工，由于没有特殊技能，工作不是很稳定，年收入大概在2万~3万元，有4个未成年的小孩需要抚养，家庭负担很大，所以LHY平时会帮小儿子看看孩子。

现在每个月LHY有80元政府发放的基本养老金，儿女们也会给她些钱，小儿子拿得多一些，其他儿子少一些，每个儿子100元左右，她觉得经济压力不大。但老伴去世后感到比较孤单，其实老伴在世时有很多病痛，她也一直很辛苦地照顾多年。谈到以后养老她目前还没有打算，不知道跟着哪个孩子，觉得他们各家都有困难，只能走一步看一步。

(2) 代际互动向村落同辈互动外溢。

相对于更加开放的城市来说，传统上农村社会由于更加封闭，内部成员间的互动也往往更为紧密，血缘、亲缘、地缘联系起来的人际交往构成了村庄成员之间更亲密的关系。熟人社会是中国农村社会典型的特征并形成了成员间互助关系的天然基础。在农村这样的熟人社会里，代际间的互动和协作已不仅仅局限在小家庭内部，养老也不单纯是子女和老年父母之间的事情，而会更宽泛地涉及大家庭甚至家族、村落成员。但就养老的核心事务而言，如经济供养、生活照料、精神慰藉，尽管亲戚、邻里能够提供帮助，但主要责任还是由子女来承担。经济供养自不必说，传统农业社会里家庭是基本生产单位，年迈的老人自然也须由子女来供养；老年人所需的生活起居照料传统上也基本由子女完成，"侍奉父母""父母在、不远游";亲子间的情感交流和精神慰藉作用更是无法替代,甚至是生儿育女、代际传承延续的主要缘由。然而,随着农村逐渐向城市转型,代际间居住的分离使原本紧密的家庭内部互动转变形式甚或走向淡化。随着年青一代离开乡村,在一些地区,留在农村的老年人开始自觉或不自觉地形成同辈间的互助协作关系,以满足家庭养老的部分缺失。

浙江安吉县 H 村是东部经济发达地区的一个典型农村,人口 1800 多人,其中老年人 380 多人。年轻人基本都在县城定居或打工,独居、空巢的老年人很多,和子女一起住的老人有些也是出于帮助子女的需要。由于白天村里基本只有老人,吃饭、娱乐、基本起居照看的问题就成为这些老年人的共同问题。该村老年协会依托村委会及上级政府部门资助在 2014 年扩建了一座古香古色的院子,产权归老年协会所有。院子里开设老年餐桌和一些文化娱乐设施。老年餐桌采取差额收费的模式全年开放,90 岁以上不收费。每餐来吃饭的老人最少的时候有两三桌,多的时候五六桌,下雨天的时候人更多,有十多桌。老年协会有一份十多亩的土地,土地由老人们来耕种,种蔬菜之类,这样可节省老年餐桌的开支。负责烧饭的是一位 70 多岁的老人,她每天的劳动可以获得 30 元补贴。这里的文化氛围很浓,具有典型的本土特色。设有夕阳红生态文明劝导队、老娘舅俱乐部来开展老年人的环保和调解志愿服务,定期或不定期组织老年人的文化娱乐演出,并设置有麻将桌、电视休息区等供老人们日常休闲之用。

(3)"反哺"体现形式的转变和演进。

通过课题组到各地农村的实地调研,农村老年人在谈到养老时更多地还是与家庭、子女紧紧地联系起来。社会化的养老方式对于大多数农村老年人来说相当陌生,甚至有明显的排斥和刻意回避。对社会化养老方式的理解多等同于养老院,社区养老、居家养老等新名词对于偏远地区的农村老年人几乎是从未听闻。而家庭内部的代际支持方式也正适应客观现实条件的变化而转变其体现形式,或是上升到更高层面的精神"反哺"。传统农村家庭中的"反哺"模式可能并非淡化而是形式的转变和演进。

河北定县 N 村，ZLT 是一位 60 多岁的老头。过去家里种药材赚了些钱。房子很大但也很空，装修很现代化，但只有他和老伴住。儿子和儿媳在北京打工，还未在外面买房；有个女儿只有过年时回家住。由于子女和孙女长期在外，他们非常想念。想尽快买智能手机和孙女视频。

浙江安吉 G 村是附近几个村子拆迁合并形成的一个大村。全村五千多人中有八九百名老人。不同于很多地方的是该地老人和子女多是分居的。拆迁之后，村里开始分排屋，老人不参与分房，如果老人要分就要绑定在某个子女那里。在新农村建设中，考虑到该村老年人的特点，在 2012 年村里开始建设老年公寓。老年人可申请缴 3 万元押金后入住一辈子，押金可退无产权。但入住老人必须与子女签协议，没有能力缴纳相关费用的老年人将由子女承担，子女不如期承担的话会予以公开，采用大字报、村报等方式公开。

5. 居住分离是否弱化了代际关系？

城镇化是否会冲淡亲子关系？理论上来说，基于血缘关系形成的亲子关系是人类社会最为稳定和坚固的关系。即便是在所谓的"接力"模式下的西方社会里，家庭中老年人与成年子女间的相互支持也大量存在。上文已叙，中国农村家庭中来自子女的支持在发生变化，这些变化主要表现在支持的程度和体现形式方面。在家庭代际间居住分离大量发生的现代农村，老年人对其与子女关系的评价在一定程度上能够反映代际之间的亲疏程度。我们通过与子女同住 & 未与子女同住、留守老人 & 非留守老人之间的对比来比较居住分离、子女流动外出是否会淡化代际关系。2014 年 CLASS 调查数据得到的结果如表 3.2、表 3.3 所示。

表 3.2　农村老年人对与子女亲近程度的评价

亲近程度 老年人类别	不亲近	一般	亲近	无法回答	x^2
与子女同住	1.2%	7.2%	90.0%	1.6%	47.104***
未与子女同住	2.1%	11.4%	84.8%	1.8%	
非留守老人	1.7%	10.4%	86.0%	2.0%	22.905***
留守老人	2.5%	11.3%	85.0%	1.2%	
总体	1.9%	10.7%	85.6%	1.9%	

注：由于对数据进行了四舍五入，百分比总和可能不为100%。

85.6%的农村老人认为与子女关系亲近，认为关系一般及不亲近的比例不及15%。相比较而言，与子女同住的老人认为亲近的比例更高，而未与子女同住的老人认为关系不亲近和一般的比较高；与非留守的老年人相比，留守老年人认为与子女关系不亲近和一般的比例也较高。这两组老年人之间的差异性均通过了卡方检验。

表 3.3　农村老年人对子女不够关心自己的评价

关心程度 老年人类别	从未	偶尔	有时	经常	无法回答	x^2
与子女同住	85.2%	4.1%	2.6%	5.8%	2.3%	20.514***
未与子女同住	82.8%	6.2%	3.3%	5.4%	2.3%	
非留守老人	83.7%	5.4%	3.1%	5.3%	2.6%	-0.012
留守老人	82.2%	6.8%	3.4%	6.0%	1.6%	
总体	83.2%	5.8%	3.2%	5.5%	2.3%	

注：由于对数据进行了四舍五入，百分比总和可能不为100%。

表 3.3 是关于农村老人对子女是否不够关心自己的评价，总体上 83.2%的老人都认为子女从未不关心自己，表明大多数对子女给予的关心持肯定态度。同样，未与子女同住的老人、留守老年人认为子女不够关心自己的频率更高。是否与子女同住通过了卡方检验。

结合这两个主观评价指标结果，可以初步判断老年人与子女间的居住分离会在一定程度上降低亲子两代人的亲密关系，子女的流动外出也在一定程度上削弱了他们对父母的关心程度，但降低和削弱程度并不高，或者说在一定时间内代际间的关系并没有发生本质性的转变，但随着居住分离、流动外出的长期和持续发展，代际关系是否还基本稳定则有待于纵向数据的进一步验证。

尽管实证研究还难以准确地得出农村老年人家庭代际关系的变化结果，但结合现有的一些实证数据以及更直观的农村家庭现实，我们认为农村家庭代际关系正走向平权化和下移化，其大致脉络是：从侧重"向上"的以父辈为重心的养老支持→亲子之间互换互惠的合作与平等关系→侧重"向下"的子代发展为重心、子代支持主要发挥对父辈自我养老与社会养老不足的补充作用。

第四章　不同类型农村地区老年人的养老需求

从表象上看城镇化是一种过程，但对身处其间的农村居民个体而言，城镇化是通过土地、劳动方式、收入来源、生活方式、居住环境、代际关系等这些直接或间接的变化而渗入他们的生活之中。土地流转、村改居、产业转型、子女外流这几种城镇化最鲜明的体现结果，对农村老年人的养老问题会带来哪些影响？在这种进程中的农村老年人对自身的养老有怎样的打算和需求？本章将结合一定案例或调查数据对上述几种典型城镇化方式下农村老年人的养老问题及其需求和意愿进行分析。

一、土地流转：对养老意味着什么？

土地是农民赖以生存的基本，也是若干年来养老所依托的经济基础。对农民来说，影响最为深远甚至可以说有决定意义的重大事件莫过于土地的拥有、使用和收益情况了。中华人民共和国成立以来围绕农村土地所展开的历次改革或运动都对农村、农民、农业产生了根本性影响，如土改运动、联产承包责任制。事实上，包括城镇化、人口流动都与我国农村土地制度的变迁有着根本性的关系。改革开放以前，以集体所有、统一经营为特点的农村土地制度持续了20多年，它作为计划经济体制下的一种资源配置方式，对农民流动以及生产方式转变有着强有力的制约作用。

而现阶段实施的农村土地流转制度又是一次深刻变革，对农村养老问题的探讨不能脱离开土地流转这个大背景。失去土地对于农村居民生活水平带来的变化并不是简单地上升或下降、提升或降低,而是存在一种契机,使其生活状况既有可能变坏也有可能变差[1]。那么,土地流转对养老意味着什么?

从养老本身的性质来看,可大致分为已进入老年期的老年人和尚未进入老年期的非老年人两大类。前者是正受到土地流转影响的人群,他们的养老问题可以说是现在进行时,拥有和使用土地的形式及基于土地的劳动方式变化正改变这一代老年人的晚年生活,使之或多或少地不同于过去的老年人;而后者即还未进入老年期的人,主要指中青年,他们的养老还未开始。在养老方面土地流转等一系列改变起到的是"预期"作用,但对他们当前为养老所做的准备(规划、资金储备、生活安排等)无疑也是潜在而深远的。

1993年中共中央、国务院颁布的《关于当前农业和农村经济发展的若干政策措施》允许土地的使用权依法有偿转让。这种使用权转让但承包权不变的举措让农民可以把闲置土地转让给其他农民经营,摆脱土地束缚获得更多自由的农民外出打工的机会大大增加。

叶剑平等根据2016年6—9月中国人民大学土地政策与制度研究中心和中国人民大学统计学院调查技术研究所开展的第七次农村土地权利调查结果,发现全国土地流转规模呈现两极分化,有些地区土地流转规模巨大,甚至达到2000亩以上,而有些地方土地流转面积不过百亩。

2017年9月我们在对河北邢台孙家寨进行调研时了解到该村实施了土地流转,由村委会统一组织管理。每亩地每年补给农民900多元(按照每斤小麦1元多的价格乘以每亩收800多斤的产量来计算)。最初开始流转时,农民的态度可分为三种:第一种,年长的

---

[1] 廖正涛. 成都地区失地农民再适应状况分析 [J]. 西南石油大学学报(社会科学版), 2009, 2 (6): 73-78.

农民（50岁以上）担心失去土地后无地可种，缺乏基本保障和依托，加之赋闲在家，还希望从事些农活既获得一些收入也能够保障自身基本生活，且年长的农民多年的劳作已成习惯，土地流转出去后最初在心理上也不能适应。此外，担心流转后不能获得承诺的收益也是部分拒绝者的担忧。因此少量年长农民回避、拒绝土地流转；第二种，40多岁的农民，他们由于多在外打工，没有人管理田地，所以支持土地流转，认为通过流转既有人帮助管理土地，还能获得不错的一份收益，因此这部分人几乎没任何障碍地支持流转；第三种，40岁以下的农民，他们特别支持流转，即使是补贴少他们也愿意把土地流转出去，一是因为他们长期在外甚至在城镇定居，已不再从事农业生产；二是年青一代基本没从事过农业生产，他们对农活已相当生疏甚至不会，因而往往会主动要求土地流转。李永萍的研究也发现，不赞成土地流转的农户主要是老人以及村庄中其他的弱势群体，属于"在外没有出路、但在家还能种点田"的这一类人，其中老人是土地流转最大的阻力，也是土地流转最大的受害者❶。

如果说子女养老是我国农村家庭养老的核心，那么土地养老则是农村老年人自我养老的核心和基础。农村老年人的经济来源可以很清楚地表明子女养老和土地养老的事实——根据2015年全国1%人口抽样调查数据，农村老年人的主要生活来源按照比重从高到低依次为：家庭其他成员供养46.40%，劳动收入34.36%，离退休金养老金7.48%，最低生活保障6.81%，其他4.62%，财产性收入0.43%。家庭成员特别是子女供养与劳动收入二者在农村老年人的收入中占了80.76%。失去土地的农村老人不仅意味着改变了劳动生产生活方式，其经济收入也很可能不再依赖土地收成，从而养老的经济来源中来自农业劳动的收入份额就会缩小，相应地，其他

---

❶ 李永萍. "养儿防老"还是"以地养老"：传统家庭养老模式分析[J]. 华南农业大学学报（社会科学版），2015（2）.

收入份额会加大，包括：养老金收入、个人储蓄及资产（如土地流转换来的现金房产等资产）、从事非农劳动的收入、子女经济支持。

在邢台孙家寨我们通过对老年人的访谈了解到，土地流转后农民每年可领取的补贴高于他们自己耕种土地的收益，如70多岁的男性村民付××，老伴长年卧病在床，虽然有三个子女但均各自居住。由于已经年老体衰，加之需要照顾老伴，从事农业劳动相当吃力。他很庆幸土地已经流转出去交由集体统一管理经营，特别是土地确权后觉得踏实。每年每亩900多元的补贴以及每人每月100多元养老金能够保障两位老人的基本生活，再加上平时子女经济上的资助他们已无经济方面的忧虑。

根据农村老年人经济收入水平、收入来源及实地调研结果，与土地相联系的农业收入对农村人养老的保障作用正在逐渐弱化。在土地已流转出去的农村，农业劳动收入已非农村老年人最基本的收入来源。土地给老年人带来的经济保障作用更明显地体现为流转后的补贴或收益。即使是在依然以农业劳动为主的农村，由于农产品收益降低，若人均可用耕地规模有限的话，仅靠纯粹的农业更难以保障人们的晚年生活。但不可否认，仍有一部分农村老年人要以土地收益作为重要生活来源，在社会保障不能完全弥补家庭养老保障能力弱化的前提下，"以地养老"在短期内不可能消失。在大规模土地流转的过程中，必须要充分考虑和维护老年人的利益，防止他们成为土地流转中的利益受损者。相关的配套政策、补助政策不能只顾当前，要对更长时期的养老风险有防范和保障措施。

对于农村的中青年来说，他们中很多人已离开农村到城市生活工作，有的已在城市定居，逐渐脱离了农业劳动，特别是越来越多的年青一代农村人在城镇化过程中身份已然改变，他们的个人经济积累、社会保障程度以及养老观念都不同于当前的农村老人，农村土地尤其是附着于土地的农业收益对于他们未来的养老作用将更加淡化。

二、"村改居"与老年人生活的变化

"村改居"是我国农村向城市转变过程中出现的特有现象,在我国已并不陌生罕见。作为一种由中国传统农村向现代城市转变的中间形态,它并非是与农村社区和城市社区并列的一种社区类型,而是展现出一种过渡型社区的典型特征,它是在经济发展程度尚未达到城市地区水平的情况下被"卷入"城市所形成的新型社区状态❶。在学术概念上有狭义和广义之分,狭义的"村改居"是指在城市化过程中,为了适应城市建设和发展的用地需求,行政村在社区建制上改设为社区委员会,农民实现了个人身份转换为社区居民,居民的农业户籍改为非农业户籍的过程❷❸;广义的"村改居"则指在加快推进城市化发展进程、促进新型城镇建设过程中,在政治、经济、文化发展水平与城市接近的自然村中,通过科学地规划调整,或整村迁移或撤村合并,在村(居)制改建后,实现城市社区的治理方式,在此过程中,村民的个人身份、生活方式、谋生手段、思想理念、就业方式和文化需求都会产生一系列的改变,而村民的自治组织,集体资产以及经济结构也会发生相应的变迁,这样的社会形态被称为"村改居"❹❺。"村改居"工作最早于 20 世纪 90 年代初在经济发展速度较快的深圳开始,率先将村委会变为居委会,农民转变为居民方面进行大胆的尝试,并取得了不俗的成

---

❶ 吴瑜. 治理理念下"村改居"社区互动关系构建研究 [D]. 南京:南京理工大学,2010.

❷ 顾永红,向德平,胡振光. "村改居"社区:治理困境、目标取向与对策 [J]. 社会主义研究,2014(3):23-25.

❸ 杨贵华. 论我国城市化进程中的"村改居"路径 [J]. 湖南社会科学,2011(5):63-65.

❹ 薛海英. "村改居"社区居家养老服务的社会工作介入研究 [D]. 苏州:苏州大学,2013.

❺ 王圣诵. "城中村"土地开发、"村改居"和社区民主治理中的农民权益保护研究 [J]. 法学论坛,2010,25(6):98-103.

绩。此后"村改居"作为中国城市化的特有路径[1]，以其特有的方式快速推进打破城乡二元体制壁垒的进程，缩小城乡差距。有调查统计数据得出当前我国"村改居"社区占城市社区总数的四分之一并呈逐年增多之势[2]。

由农村社区转变发展而形成的"村改居"社区是一种既有内在发展动力又有外在强制牵引下所形成的新型社区，既具备传统农村社区的产业成分单一、地缘位置相对偏僻独立、村民之间守望相助、异质化程度低的"公民社会特征"，同时也具备在向城市社区转变过程中经济发展速度较快、村（居）民生存方式多样化、生活理念日新月异的"亦城亦村"的特殊状态，在这种状态和转变过程中，该地的城市特质和农村特质是此消彼长的关系[3]。

关于"村改居"对于身处其中的居民生活改善作用如何有两种不同的看法：一是"村改居"使得曾为农民的居民们物质条件改善，生活条件更为优越；二是"村改居"使得"新型居民"生活成本增加，原有的社会认同感和归属感等重要的生活结构构成因素被瓦解[4]。对于第一种肯定的态度并不难理解，由于这种改变，居民们往往会获得价值可观的经济补偿、分红、租金收入及经营性收入等，物质经济条件大为改善[5]。与过去农业收入相比，虽然农业收入普遍减少，但是非农业收入大幅增加，甚至部分地区"村改居"过程中对于土地征用的补偿条款使得某些农村村民一夜之间成为"大富翁"[6]。生活环境和居住条件有了极大的改善。有的老年

---

[1] 王聪."村改居"社区建设中的文化变迁［D］.厦门：集美大学，2013.

[2] 论"村改居"社区文化特点及其转型的价值目标［J］.云南民族大学学报（哲学社会科学版），2014，31（1）：95－99.

[3] 杨贵华.城市化进程中的"村改居"社区居委会建设［J］.社会科学，2012（11）：76－84.

[4] 段丽.城市边缘区"村改居"社区改造案例研究［D］.杭州：浙江大学，2006.

[5] 梁绮惠.可行能力视角下的村改居研究［J］.云南行政学院学报，2011（6）：126－128.

[6] 黄立敏.社会资本视域下的"村改居"社区治理——以深圳市宝安区为例［J］.江西社会科学，2009（9）：215－219.

人虽然失去了土地,但每月的补偿款项使得他们能够"不靠儿女养活,心里有底气,非常感谢政府"❶;而且由于居住环境、配套设施和管理模式的改善,老年人有可能获得更好的社会保障和社区服务。

但另一种不同的观点认为,"村改居"使得一大批农民失去了赖以为生的土地,土地对农民的意义绝不仅限于谋生手段,更重要的是传统,尤其是老年人对于土地的情感和精神寄托,而这些"失地农民"是一个特殊的中间性质群体,他们介于城市和农村居民之间,既失去了农田和宅基地,同时也难以享受城市居民水平的保障和权益❷。而我国的社会保障发展程度难以对其生活水平发挥完善的保障作用❸。此外农民对家族制度和血缘关系的顺从和羁绊是桎梏其思想与组织形式的内在性根本因素❹,会在一定程度上阻碍人们思想理念和行为方式向城市居民转变。

那么针对老年人,究竟"村改居"到底是提升还是降低了他们的生活质量?对此,我们根据 2014 年中国老龄社会追踪调查数据进行实证分析。此次调查共获得经历过"村改居"的非农业户籍老年人 555 名(为了分析"村改居"带来的影响,与此次抽样调查中的 4449 名居住社区类型为农村且户籍为农村的老年人进行对比)。表 4.1 是经历了"村改居"的老年人的主要人口与社会经济特征。

---

❶ 舒盈. 城市化应是和谐之化——江阴、张家港与苏州高新区解决失地农民问题的调查 [J]. 苏南科技开发,2005(4): 48 - 49.

❷ 梁伟. 失地农民社会保障研究 [D]. 保定: 河北大学,2004.

❸ 罗遐,夏淑梅,何霄. 我国失地农民的现状分析与政策建议 [J]. 东北大学学报(社会科学版),2005,7(1): 49 - 52.

❹ 王道勇,郑彦辉. 农民市民化: 传统超越与社会资本转型 [J]. 甘肃社会科学,2005(4): 9 - 13.

表4.1 经历了"村改居"的老年人的主要人口与社会经济特征

变量	变量取值	样本量/均值	比例/标准差
受教育程度	文盲	196	35.3
	小学	186	33.5
	初中	111	20.0
	高中	40	7.2
	大学及以上	22	4.0
自理能力		6.3	1.3
自评健康	很不健康	35	6.3
	比较不健康	119	21.4
	一般	162	29.2
	比较健康	179	32.3
	很健康	60	10.8
个人平均年收入		32307.6	66620.1
年平均支出		19968.7	16311.1
房子数量		1	0.8
朋友支持		8	7.5
家庭支持		11.4	6.5
活动机构数量		1.4	1.4
抑郁感		13.8	3.0
孤独感		3.6	1.1
社会适应力		28.8	5.5

注：自理能力采用ADL量表，得分为0~18分，完全自理为0分，完全不能自理为18分。

从群体的人口特征来看，"村改居"老年人的受教育程度要高于未"村改居"的农村老年人，高中及以上文化程度占比为11.2%。自理能力平均得分与没有经过"村改居"的老年人持平，认为自己身体健康的老年人占被调查"村改居"老年人的43.1%，而不健康的为27.7%。经历了"村改居"的老年人个人平均年收入为32307.6元，远远高于没有经历"村改居"的农村老年人（均值7516.2元），家庭年平均支出相应地也高于未"村改居"的老年人。"村改居"老年人名下房产数量均值为1套，而未经历"村改居"的农村老年人为0.8套，可见"村改居"有效地提升了老年人的收入、房产和消费水平。

生活满意度是生活质量的一个综合结果和集中体现。针对"村改居"究竟对农村老年人的生活质量是否有改善，我们进一步根据CLASS调查数据对"村改居"的非农业户口老年人的生活状况及满意度与仍然生活在农村社区的农业户籍的老年人进行对比，结果见表4.2。

表4.2 "村改居"与否老年人生活状况与满意度对比

变量	变量描述	T值及其显著性	"村改居"与未"村改居"平均取值比较
生活满意度		−2.616**	4.058 > 3.947
	教育程度	−10.075***	2.110 > 1.630
	自理能力	0.646	4.796 > 4.773
	自评健康	−3.701***	3.198 > 3.009
	个人年均收入	−17.882***	2.690 > 1.508
	家庭年均支出	−16.023***	4.205 > 3.210
	房子数量	−3.919***	1.968 > 1.857
	家庭支持得分	−3.706***	2.818 > 2.589
	朋友支持得分	−2.501*	2.825 > 2.670
	活动场所数量	−12.818***	1.978 > 1.464
	抑郁	−4.766***	14.430 > 13.780
	孤独	−4.355	3.853 > 3.629
	社会适应能力	−0.868	28.591 < 28.804

"村改居"与否老年人的生活满意度存在统计学意义上的差异，"村改居"的老年人对生活的满意度平均取值要高于未"村改居"的老年人，即相对于居住在农村社区的农业户籍老年人，经历了"村改居"的老年人对生活整体的满意度有所提高，但差距并不大。事实上，生活满意度作为反映老年人客观生活条件以及主观需求和评价的综合结果，虽然会随着客观生活条件的改善而提升，但人们

的主观需求也会相应提升到更高的层次，即产生更高的主观需求，进而使客观生活条件对生活满意度的作用有所削减（孙鹃娟，2007）❶。

比较两组老人主要自变量的差异，发现二者的日常生活自理能力（ADL）并没有呈现显著差异，但自评健康却存在显著差异——"村改居"老年人自评健康平均取值水平高于未"村改居"的老年人。这可能与"村改居"改善了老年人的医疗条件和生活环境条件有关。在老年人的物质条件方面，"村改居"老人的年收入、支出和房子数量都要显著高于未"村改居"的老年人，可见"村改居"的确有效提高了农村老年人的物质生活水平。

城镇化后农村老年人的社会网络和社会支持会发生怎样的变化？以往的研究中有的认为城镇化改变了老年人的生活环境，造成社会关系和支持网络的断裂和破坏，但也有文献表明老年人的亲戚关系和朋友关系网络规模并没有缩小反而扩大，经常联系的亲戚数目反而增多（吕如敏、刘永策等，2014）❷。在本研究中，我们比较了两组老年人社会支持中的家人支持和朋友支持情况，"村改居"老年人的亲戚和朋友社会支持数目都显著高于未"村改居"的老年人。由于调查中并没有收集邻居的信息，因而"村改居"是否减少了来自邻居的支持不得而知。至于亲戚和朋友支持数量的增多很有可能是由于原有农村社区中熟悉的社会网络被改变，在社会关系网络规模中的"填补"效应下，亲戚朋友会增加支持。此外"村改居"使得社区内的社会活动场所数量显著增加，如老年活动室、麻将（棋牌）室等都多于居住在农村社区中的老人。对于老年人的心理健康，"村改居"老年人较之未"村改居"老年人心理抑郁程度较轻，即"村改居"老人心情更为开朗积极。但是两个群体的孤独感和社会适应力方面不存在显著差异。

---

❶ 孙鹃娟. 中国老年人生活质量研究 [M]. 北京：知识产权出版社，2007.
❷ 吕如敏，刘永策，杨晓龙. 城市化背景下的老年人社会网络规模研究 [J]. 山西高等学校社会科学学报，2014，26（5）：27–30.

总之，伴随着"村改居"带来的身份转变，使得失去土地的老年农民群体经历了居住环境、劳动生产生活方式、社会保障和福利、社区基层管理组织和管理方式等若干方面的转变。与那些仍居住在农村社区中的老年人相比，他们获得了更高的物质生活条件，在一定程度上提高了其生活满意度。

三、农村产业转型背景下的养老问题

城镇化已不仅仅依靠农村劳动力向城市的转移来实现，农村内部的城镇化步伐也在加快。在一些地区，受地方经济发展导向或资源、环境因素影响，农村原有产业转型也很普遍。通常人们更关注于产业转型对该地劳动力、经济收入的影响，但对于这些劳动力其至他们的家庭来说，产业转型带来的影响作用可能更大、意义可能更加深远。我国农村地区范围广大，产业发展及转型特点也多种多样，在研究中难以普遍涉及，为了能够更近距离地观察产业转型背景下的农村养老问题，我们聚焦于河北某县农村，通过个案剖析的方式以窥一斑。

A县地处河北省中西部地区，人口大约30多万，具有山区、丘陵、平原、湿地等梯级地貌特征，交通便利。2017年年底我们调研了该县B乡、C镇和D镇的几个村庄及几个养老院，收集了这些村庄的产业和养老基本状况。

1. B乡

B乡是紧邻县城的一个典型的城郊结合型乡镇，距离县城东北约7.5公里，是A县比较宽裕型的小康乡镇。自改革开放以来，B乡逐步形成了以石材加工业、铸造业为主的支柱产业，现有石材企业五十多家，铸造企业四家。近几年由于产业转型及城镇化的发展，该村的石材和铸造业发展受到严峻挑战。这些以家庭、家族作坊式加工为基础的产业逐渐衰微后，青壮年不得不外出打工来补贴家用。但这些青壮年由于年轻时便早早辍学到小工厂工作,他们对其他行业和技能了解很少,加之学习能力不高,外出务工只能做一些技术含量较低的工作,薪酬较低,且没有基本的五险,为了省钱供养家庭,他们较少回家,使得一些在家的老人和孩子照料缺位,老年人的精神慰藉尤其欠缺。

由于养老机构、幸福院基本针对的是"三无"老人,有子女的老人照顾问题基本由家庭成员协商解决,如B乡N村的一个女性老人,之前是住在儿子家,帮儿子料理家务等,但在孙子结婚后,老人与孙媳妇日常生活习惯不同,产生了矛盾,老人就搬到了儿子家附近的另一个儿子的旧家,自己独居。刚开始独居时,老人身体状况良好,可以自己照顾自己,几个儿子为老人提供日常生活的供养。但随着村里企业不景气,儿子、孙子们纷纷外出打工,不能为老人提供日常照料,而老人身体健康状况又不断下降,大家商量后请了隔壁村的一位低龄老人来照顾她,儿子们轮流为保姆发每月800元的工资。B乡中类似的案例还有不少,由子女出钱聘用本地低龄老人来照顾失能、半失能老年人的情况已经成为家庭应对子女外出的现实策略,但老年人的精神慰藉问题依然存在。

2. C 镇

C镇是A县中部的一个近山丘陵区。经济发展以农业为主导产业,粮食占有面积为耕地面积的72%,工业产品主要为加工石材、云母,生产石英砂(粉)、蛭石等,其中的W村主要产业也以石材加工为主,集体企业和个体私营石材加工厂有90多家。近些年由于石材加工业的不景气,加之环境保护的要求,这些企业虽进行了整顿,发展举步维艰,依然难避免产业转型的结局,大量的青壮年已经或即将失业,导致近两年这些劳动力普遍外流。但长期以来家庭产业的存在使得村里的青少年辍学率较高,他们外出也主要从事服务业、建筑业等报酬不高的工作。出于照顾老人或对工厂未来发展仍抱有希望的考虑,一些中年劳动力还选择留在村里,料理难以再有较大发展的石材加工厂，并照料身体健康状况较差的老人。2015年，开发商在W村建立了"幸福家园"小区，让村里部分农民可以住在农村享受城市生活。

但从老年人的生活来看，因为村里石材加工厂的发展困境，家庭经济难免受到冲击，一些老年人的生活水平下降。W村里高龄、健康不好的老年人主要采取两种类型的照料方式：

第一类为独居并获得子女不同程度的帮助。如某83岁独居女性老人，高血压、心脏病比较严重，需要人长期照料。配偶去世后，老人便选择独居，几个儿子轮流每天来为老人做一日三餐。但老人觉得儿子只是在做饭时来，陪自己的时间太少，老人感觉孤单。另一位独居的91岁女性老人，在没有跌倒之前，一直自己做饭，跌倒之后，健康状况严重下降，便由儿子轮流每天给她送饭。但儿子们有时很忙或者其他原因，并不能得到保证她的一日三餐。对于没人陪着自己聊天说话，老人表示已经学会了习惯。

但在W村，还有一些从未结过婚的老人，以男性为主，由于没有子女，他们通常入住养老院，但也有部分选择独居，例如某男性老人，72岁，未婚独居，患有心脏病、气短，精神状态一般。老人之前曾经住一所公立的养老院，但因为养老院的服务态度较差、饮食不习惯、周围环境嘈杂以及觉得费用较高等原因，老人又回到村里居住，他对于自己以后的养老充满了担忧。

第二类为与子女同住但易产生家庭矛盾或冲突。77岁的某女性老人，现在轮流住在儿子家。丧偶多年，每月可以领200元的配偶体恤金。在老人没有煤气中毒之前，常年独居，儿子们提供粮食，自己也会在农忙时帮助儿子们。但在煤气中毒后，儿子们便不让老人独居，商量决定轮流照料老人。现在虽然有儿子和儿媳照料，但她总感到自己是没有用的，想要自己住，觉得自己住自在。有的老人虽然与子女同住，但不但难以获得必要的照顾，反而有可能加重老年人的负担。如在W村访谈的一位85岁女性老人，与未婚的残疾儿子居住，其他在外的子女每年为老人提供粮食和肉。她丧偶多年，患有心肌梗塞、肝囊肿等疾病。未婚的儿子智力较低，常年帮哥哥们干农活，患有严重的关节病，现在已经不能再干农活。两人的现状非常糟糕，但其他子女由于常年在外难以照顾她。同住的未婚儿子虽然有低保，但常年看病、吃药、住院，使得两人的生活异常艰难。对于未来的养老打算，老人希望自己生活不能自理时，其他子女可以过来帮助做饭，且非常担忧残疾儿子的养老问题。

还有一些条件较好的老年人，配偶健在，但子女不在身边也有孤独的问题。如某64岁男性老人，与老伴居住在村里的幸福家园小区，身体健康状况良好。儿女在外务工且定居在石家庄市区，儿子会不定期给钱，经济富裕。老人每天的生活较为单调，希望村里建一些健身娱乐设施，建一所养老院，让村里的老人住在一起，每天有人陪着聊天不那么孤单。

在农村乡镇企业转型、农业逐渐衰微的背景下，C镇老年人的照料状况或是他们自己主动选择的结果，也或是老年人被动无奈接受的结果。现有的这几种照料方式各有利弊，与子女同住的老人更容易与子女产生矛盾，但独居老人在生活失去自理能力后一日三餐等基本生活难以保障。与配偶居住的老人虽然可以互相照料，但受限于农村配套的养老设施条件，仍表现出孤独寂寞的问题。

3. D镇

D镇距离县城10公里左右，交通便利，区域优势明显。该镇有5家水泥生产厂，产品远销京津保地区，有的厂家还通过了ISO 9002质量体系认证。部分村种植核桃，发展种植园区，是当地农民增收致富的途径之一。D镇的T村经济较富裕，是附近闻名的小康村。该村拥有较大的水泥厂和化肥厂，解决了一部分村民的就业问题。未在工厂就业的村民则利用毗邻省道的便利条件，在道路附近做小生意，或从事其他服务业、种植经济林等。村民间的贫富差距较大，在工厂就业的村民收入要明显高于其他人。村里的老人在身体健康的情况下几乎都独居或与配偶居住，一旦身体不好需要照料时，子女未在工厂就业的老人便往往由儿女轮流供养。随着这些工厂被关停，原先在厂里工作的人收入迅速下降，也间接影响了其父母的生活。如 T 村一位 80 岁的女性老人，有两个儿子但均离开了工厂因而经济状况不太好。老人患有心脏病、高血压等慢性病，每天都要吃药。平时自己独自居住，生病时儿子们轮流照顾。老人想过住养老院，但听说公立的养老院只收没有子女的五保户，考虑到子女的经济状况不好，她对自己和子女未来的养老充满了担忧。除了希望养老金能再高一点外，她还期望增加村里的娱乐设施，觉得平时村里年轻人越来越少，老人们生活太乏味。

四、老年人对未来养老的期待和打算

养儿防老的传统可算作是中国人的人生一大规划，也是生育子女的目的之一。人们在年老之后天经地义地靠子女特别是儿子来赡养。在社会迅速转型的过程中，这种传统是否还继续保持？作为已经进入晚年阶段的老年人，他们中可能正与子女生活在一起由子女来照料，也有可能独自居住或生活在空巢家庭中，这些生活方式是否与他们的主观意愿一致呢？对养老期待和打算的探讨是养老模式的核心问题之一。老年人作为养老服务的直接对象，他们的养老意愿是选择和确定养老制度和政策的重要依据。

养老意愿是指老年人对自身养老所持有的愿望和打算。今后在哪里居住、由谁来照顾这两个基本问题是了解老年人养老意愿的核心问题（孙鹃娟、沈定，2017）[1]。对于选择家庭养老还是社会养老的主观看法和态度是养老意愿的基本问题。相对于以机构养老为代表的社会化养老而言，在自己家养老主要以自我（或配偶）照料为主，而在子女家养老则往往以子女为主要照顾提供者。因此，考

---

[1] 孙鹃娟，沈定. 中国老年人的养老意愿状况及其城乡差异研究［J］. 人口与经济，2017（2）.

察农村老年人养老居住地的选择意愿可在一定程度上反映出老年人期望的养老方式，可作为养老意愿的核心变量。

1. 居家养老还是机构养老？

根据2014年中国老年社会追踪调查，在采用分层多阶段概率抽样所获得的29个省（自治区/直辖市）11511个60周岁及以上老年人样本中，他们对自己养老居住的打算还是以在自己家养老为主，打算在自己家养老的达到69.9%，24.2%的人打算在子女家养老，打算到养老院或托老所养老的为4.0%，另有1.9%的老年人选择了其他养老地点。农村老年人的养老意愿为：在自己家养老（68.0%）、子女家养老（30.5%）、养老院或托老所养老（1.5%），七成左右的农村老人倾向于居住在自己家养老，愿意在子女家养老的比例也高于城市老年人，只有极少数的农村老人打算入住养老机构。

把农村老年人基本的社会人口特征与其居住意愿进行交叉分析，并与城市老年人进行比较会发现：农村中不健康的老年人和健康的老年人入住养老机构的意愿都略高于健康水平一般的老年人，而城市老年人则是健康水平一般的老年人打算住养老机构的比例更高。在农村，起居需要照顾的老人打算住养老机构的比例比不需要照顾的老人更高，而城市老年人则相反。城市老年人经济收入越高者打算住养老机构的比例越高，而农村则是经济收入处于中等水平的老人打算住养老机构的比例较高。所以农村老年人对养老机构的需求主要在于失能半失能后托底式的照料服务，只要身体比较健康，农村老年人更倾向于独立居住养老，但对与子女共同居住的意愿高于城市老人。

2. 由子女照料还是多方共担？

期望由谁来提供照料服务也是老年人养老意愿的重要内容。总体来说，我国13.1%的老年人期望政府（及社区）为自己提供照料，41.3%的老年人期望子女为自己提供照料，25.0%的老年人期望自己或配偶照料，还有20.6%的老年人期望由三者共同承担。农村老年人期望由子女照料的比例更高，达到58.7%，只有9.4%的农村老年人期望政府承担照料责任，还有15.4%的农村老人期望的照料者是自己或配偶，另外16.5%的农村老人认为三者应共同承担。期望由政府或自己及配偶照料的农村老年人比例远低于城市老人。

与城市老人相比，大多数农村老年人对于照顾提供者的期望角色以子女为主，特别是生活不能完全自理的农村老年人中有高达68.8%的人期望子女来照料，对子女的依赖更大。除了传统的子女照料和自我照料外，城市老年人中已有13.5%的老年人期望单独由政府、21.1%的老人希望由政府、子女和自我三方共同来承担照料责任。农村老年人期待子女来提供照料的比重远高于城市，照料的独立性相对较低，表现在期望自我照料（包括配偶照料）的比例低。因此，城乡老年人在照料提供者方面的意愿差异一定程度上表明城市的家庭照料系统正逐渐分化为子女、自我（及配偶）、政府及社区三方共担的格局，发展社会化程度更高的养老服务体系对满足城市老年人的照料需求已是当务之急；而农村老年人在主观意愿上对传统子女照料方式的期待依然十分突出。因而对于农村老年人来说如何在维系家庭照料功能的基础上拓展社会化照料服务体系是一个关键问题。

3. 自我的意愿还是家人的意愿？

在调查中，固然是通过询问老年人来获得他们对上述两方面问题的主观认识，但这些认识必然受外部环境的影响和他人尤其是家人的影响。为进一步了解各因素的影响作用，对老年人多个养老居住意愿类别进行比较，避免二分类Logistic回归的不足，采用多分类Logit回归模型（Multinomial Logit Model）展开分析。在模型中，因变量为老年人的养老居住打算，分为在自己家居住、在子女家居住、在养老机构居住三类，参照类为在自己家居住。自变量包括：（1）个体因素（性别、年龄、自评健康、照料需求、受教育程度、个人经济收入);(2)家庭因素(婚姻、子女数、家庭类型、家人对养老机构的支持态度);(3)社区因素(社区有无托老所/日间照料中心、社区有无养老院/敬老院)。分析结果见表4.3。

表4.3 中国农村老年人养老居住打算的多分类 Logit 回归

	子女家/自己家		养老机构/自己家	
	B	EXP(B)	B	EXP(B)
截距	-1.677		0.67	
个体因素				
性别(女)	-0.098	0.906	-0.413	0.661
年龄(80岁及以上)				
60~69岁	-0.208	0.813	0.419	1.521
70~79岁	-0.115	0.892	0.301	1.352
健康自评(不健康)				
健康	0.047	1.048	0.22	1.246
一般	-0.081	1.084	-0.277	0.758
照料需求(不需要)	0.096	1.101	0.114	1.121
受教育程度(大专及以上)				
小学及以下	0.506	1.659	-2.126	0.119*
初中和高中	0.434	1.544	-1.448	0.235
经济收入	-0.043	0.958*	-0.102	0.903
家庭因素				
婚姻(无配偶)	-0.761	0.467****	-0.139	0.87
子女数	0.194	1.214****	-0.347	0.707**
家庭类型(空巢)				
非空巢	0.708	2.029****	-0.167	0.846
家人是否支持住养老机构(不知道)				
支持	0.043	1.044	1.799	6.042****
不支持	0.081	1.084	-0.339	0.713
社区因素				
社区有无照料中心(无)	-0.127	0.881	-0.607	0.545
社区有无养老院(无)	0.503	1.654**	-0.054	0.948
2 Log Likelihood	1260.9			
Chi-Square	147.62			

注:(1)括号内参照类;(2) $^*p<0.1, ^{**}p<0.05, ^{***}p<0.01, ^{****}p<0.001$。

从回归模型结果来看,关于在自己家养老和在子女家养老的对比,农村老年人的婚姻状况、子女数、社区是否有养老院/敬老院以及经济收入这几个变量有显著作用。有配偶的农村老人愿意住子女家的可能性较低,他们更愿意住自己家;子女越多,农村老年人住子女家的可能性越高,这也在一定程度上验证了我国"养儿防老"的传统养老模式对于农村老年人晚年的居住选择依然发挥作用。与城市老年人相似,非空巢的农村老年人住子女家的意愿远高于空巢老人。在农村,社区是否有养老院或敬老院也有一定影响,社区有养老院的农村老人更愿意住子女家的可能性更高。比较农村老年人在养老机构和在自己家两类居住意愿,结果显示仅有家人是否支持去养老院、子女数和教育程度这几个因素对这两种意愿有显著影响,其中家人的支持显著度最高,家人支持去养老院的农村老人比家人支持态度不明确的老人打算去养老机构的可能性高6.04倍;子女数越多,农村老年人去养老机构的可能性越小。

养老意愿是老年人今后生活安排和获得社会支持、社会服务的前提。由于缺乏追踪数据,虽然我们尚难以了解个人的养老意愿是怎样随时间流逝而变化的,但城乡老年人这两大群体之间的对比已经显示出明显的不同,即使在农村老年人群内部也有分化。如果与城市老年人比较,农村老年人期待子女来提供照料的比重远高于城市,照料的独立性相对较低,表现在期望自我照料(包括配偶照料)的比例低,他们在主观意愿上对传统子女照料方式的期待依然十分突出。因而对于农村老年人来说如何在维系家庭照料功能的基础上拓展社会化照料服务体系是一个关键问题。

对于居住选择,那些比较健康的、有配偶的农村老人更倾向于在自己家居住,子女数越多的老年人住子女家的可能性越高。他们的养老意愿体现出对传统子女养老模式的期望依然浓厚。特别值得一提的是,农村老人入住养老机构的意愿在很大程度上主要受家人态度的影响,家人支持其住养老机构的老人会显著增强其机构入住意愿。分析影响农村老年人居住意愿的因素也发现基本集中于家庭因素，特别是有无配偶、子女数、家庭类型、家人意愿这几个因素的作用最为显著。这些结果也意味着在我国发展农村机构养老服务应基于老年人家庭的需求而非仅仅着眼于老年人的需求。但无论如何，居家养老依然是90%以上中国老年人的共同愿望和期待。从城乡间的差异可得到启示：由子女照料向自我照料转变的事实已难以忽视。在我国，"以居家养老为基础、社区养老为依托、机构养老为补充"的多层次养老服务体系应根据地区差异分阶段、有序地加以推进。为绝大多数老年人家庭提供辅助性支持，使老年人能够更持续地独立生活、自我照料应当作为居家养老和社区养老的根本目标，在此基础上还应发展机构养老来满足2%~4%老年人的养老需要。

第五章　城镇化与农村老年人的经济状况

一、城镇化与农村老年人的经济收益问题

城镇化带来的最重要也最鲜明的一个积极影响即提升了农村居民的收入水平，因为通过劳动生产方式或身份的转变改变了农民长期以来仅依赖传统农业谋生的传统。对于农村老年人来说，城镇化对其经济收益的影响可能通过直接或间接两种途径产生作用：

一种是直接作用即由于土地流转、村改居等方式使农村老年人在经济上直接受影响，或是农村老年人自身由于生产劳动方式的转变带来经济收益的变化。

另一种则是城镇化产生的间接作用，通常体现为家庭成员经济收益的变化辐射或间接作用于农村老年人而使之受到影响。

对于农村老年人经济状况的观察和判断，近些年的研究结果主要有两种基本观点倾向。一种看法是农村老年人的经济状况依然较差，例如认为农村由于社会保障制度发展滞后等原因，许多老年人还依然依靠自身劳动来获得经济收入，实际经济状况可能较差（杜鹏、谢立黎，2014[1]）；伴随着社会的现代化进程，现在老年人的家庭权威在下降，年轻人的自我意识在加强，传统孝道观念淡化，

---

[1] 杜鹏，谢立黎．中国老年人主要生活来源的队列分析［J］．人口与经济，2014（6）：3-11．

导致了家庭资源分配出现"重幼轻老"的趋势，使得老年人得到子女的经济支持在减弱（王萍、李树茁，2011❶），特别是农村劳动力外出务工对留守老人经济状况的改善程度并不显著，外出者小家庭的经济压力、务工收入的有限性和不稳定等因素都限制了外出家庭成员为留守老人提供经济支持的能力（叶敬忠、贺聪志，2009❷）；在人口转变时期子女的经济支持力度对缓解老年父母的经济贫困依旧十分重要（杨菊华、陈志光，2010❸）。但也有很多研究认为城镇化、人口流动等使得农村老年人的经济收入显著提高了。经济增长、财富增加、生活方式的改变并没有从根本上改变传统代际之间的关系，甚至在农村地区还增加了对于老人的经济支持（Silverstein and Gans，2006❹）。

为了进一步探讨城镇化对农村老年人经济福利的影响，本章将根据对 2014 年"中国老年社会追踪调查"数据的分析来探讨以下三个方面的问题：

（1）中国农村老年人的经济收入和经济来源现状如何？东中西部农村老年人收入的地区差异有多大、农村老年人与城市老年人之间的收入差距怎样？

（2）子女的外出流动是城镇化对农村老年人经济福利产生影响的主要途径。在子女流动的背景下，当前农村老年人和子女间双向代际经济支持的现状如何？子女流动外出是否提高了对农村老年父母的经济资助？

（3）到底哪些因素会显著影响我国农村老年人的经济收入？特

---

❶ 王萍，李树茁. 农村家庭养老的变迁和老年人的健康 [M]. 北京：社会科学文献出版社，2011.

❷ 叶敬忠，贺聪志. 农村劳动力外出务工对留守老人经济供养的影响研究 [J]. 人口研究，2009 (4)：44 – 53.

❸ 杨菊华，陈志光. 老年绝对经济贫困的影响因素：一个定量和定性分析 [J]. 人口研究，2010 (5)：51 – 67.

❹ Silverstein, M., Gans, D. 2006. Intergenerational Support to Aging Parents: The Role of Norms and Needs. Journal of Family Issues, 27 (8): 1068 – 1084.

别是子女外出等因素对农村老年人经济收入的影响程度如何?

二、调查数据与样本特征

在 2014 年 CLASS 调查的 11511 个老年人样本中,剔除城市和农村归属不明确的样本,获得 5534 个城市老年人和 5963 个农村老年人的相关信息,其中,农村老年人样本主要特征见表 5.1。

表 5.1　样本的主要特征

指　标	农村老年人
年龄（均值岁）	69.6
年龄构成（%）	
60~69 岁	56.2
70~79 岁	30.6
80 岁及以上	13.2
性别（%）	
男	46.2
女	53.8
婚姻（%）	
有配偶	60.8
无配偶	39.2
教育程度（%）	
文盲	46.9
私塾	3.4
小学	36.5
初中	10.6
高中	2.4
大专及以上	0.2
健康状况（%）	
很健康	11.5
比较健康	27.4
一般	25.3
比较不健康	27.7
很不健康	8.1
子女数（均值个）	3.5

被调查农村老年人的平均年龄为69.6岁,60~69岁、70~79岁、80岁及以上者分别占56.2%、30.6%和13.2%;农村男性和女性老人分别为46.2%、53.8%;无配偶农村老人为39.1%,高于城市;农村老人的教育程度以文盲和小学程度为主,文盲比例占46.9%,私塾和小学占39.9%,受过高中以上教育的农村老年人比例仅2.6%。农村老年人自评很健康和比较健康的比例分别为11.5%、27.4%,比较不健康和很不健康者分别达到27.7%和8.1%。被调查农村老年人的平均子女数为3.5个。此外在农村老年人所有子女中,调查时已离开老家半年以上的子女即外出流动子女占29.7%,70.3%的子女调查时未离开家。

三、收入水平与群体内部收入差异

表5.2显示了我国农村老年人在被调查前12个月个人的总收入情况。总体来说,农村老年人的平均年收入水平6488元,中位收入是3000元,与城市老年人相比,城市老年人的平均年收入水平(29317元)是农村老年人的4.5倍,城乡老年人之间的经济收入差距明显。

再看农村老年人群体内部的收入情况。东、中、西部农村老年人的收入分别是8850元、6096元和5429元,西部农村老年人的收入最低。总体农村老年人的收入不但远低于城市老年人和全国老年人的平均水平,与2013年我国农村居民的人均纯收入(8895.9元)相比也有不小的差距。

表5.2 农村老年人个人年收入水平比较 (元)

类别	均值	中位值	标准差
总体	6488	3000	10030
东部	8850	4800	12810
中部	6096	3000	8913

续表

类别	均值	中位值	标准差
西部	5429	2160	9010
男性	8317	4000	12031
女性	4819	2000	7395
60~69岁	7859	4000	11060
70~79岁	4898	2000	7341
80岁及以上	4083	2000	7148
有配偶	7775	4000	11340
无配偶	4418	2000	6989

性别、年龄、婚姻等因素都使得农村老年人群体内部的收入有明显差距，男性、有配偶、较低龄的老年人收入高于女性、无配偶、高龄老人。图5.1进一步描述了随着年龄增长东、中、西部城乡老年人的收入变化情况。农村老年人收入曲线整体均低于城市老年人的水平，中部和西部农村老年人总体上随着年龄增长收入水平逐渐降低，在大多数年龄上中部农村老年人的收入水平仅略高于西部农村老人。因此，中、西部农村老年人尤其是高龄农村老年人收入偏低的问题值得重视。

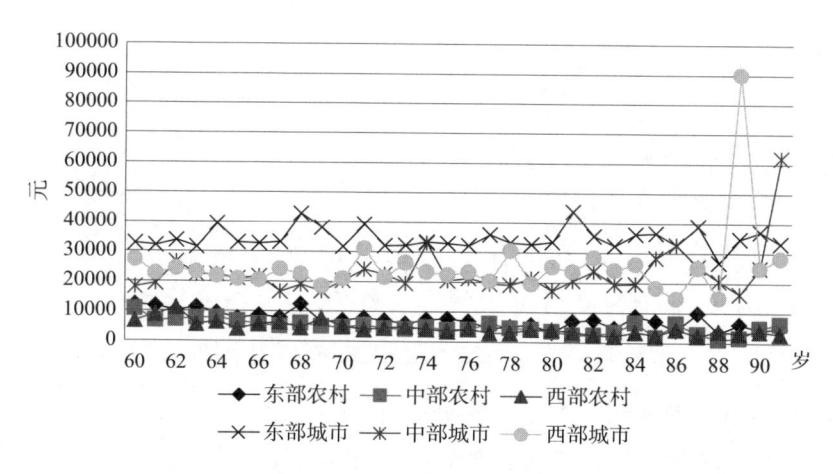

图5.1 不同年龄东、中、西部农村和城市老年人的人均年收入

分省（自治区、直辖市）来看，我国绝大部分地区农村老年人的经济收入水平都较低，在被调查地区中，除上海、天津、北京、浙江外，其他地区农村老年人的年收入都低于 1 万元（见图 5.2）。特别是中西部的云南、甘肃、宁夏、广西、河南、重庆等地农村老年人收入尤为低下，人均年收入不足 5000 元，农村老年人经济贫困问题仍是一个十分突出的现实问题。

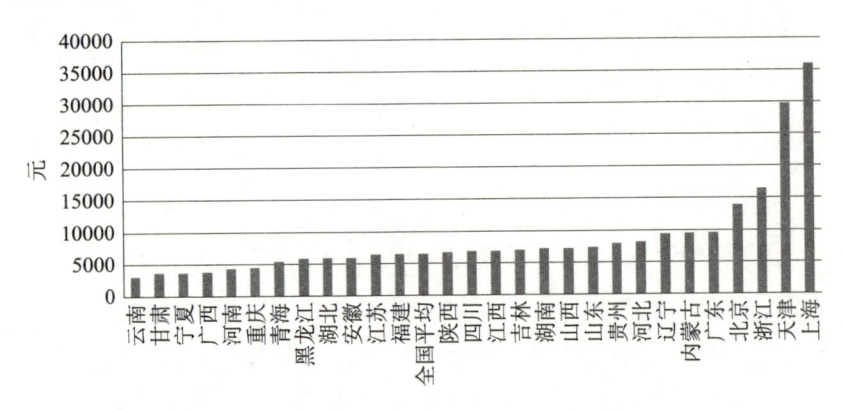

图 5.2 被调查省（自治区、直辖市）农村老年人平均年收入

四、主要经济来源及经济独立程度

经济来源可以反映出老年人的经济收入主要依靠自己、家庭成员还是社会支持，是衡量老年人经济独立的重要指标。2014 年 CLASS 调查发现我国农村老年人仍以子女资助和自己劳动收入为主，在其首位收入来源中，比例最高的分别是子女的资助（39.9%）、自己劳动或工作所得（27.0%）、离退休金或养老金（13.0%）（见图 5.3）。农村老年人以政府或社团的补贴资助为第一位收入来源的占 8.8%，比例高于城市老年人。

图 5.3 中的比较说明，与我国总体老年人和城市老年人相比，子女资助和劳动工作所得在农村老年人收入来源中的重要程度都明显更高。这两大收入来源依然是我国农村老年人最基本的两大经济

支柱，土地、房屋租赁和以前的积蓄对农村老年人的经济保障作用很有限。将此次调查结果与 2010 年第六次人口普查相关结果比较发现，农村老年人靠子女等家庭成员资助的比例变化不大，仅下降 2.4 个百分点，以自己的劳动工作收入为主要来源的比例从 2010 年的 41.2% 下降到 27.0%。值得注意的是，养老金、退休金在农村老年人中的比例虽然仅为 13%，但与 2010 年"六普"结果相比，农村老年人的养老金、退休金在收入来源中的比例有所上升，说明近年来我国农村养老金保障水平有了很大进步。

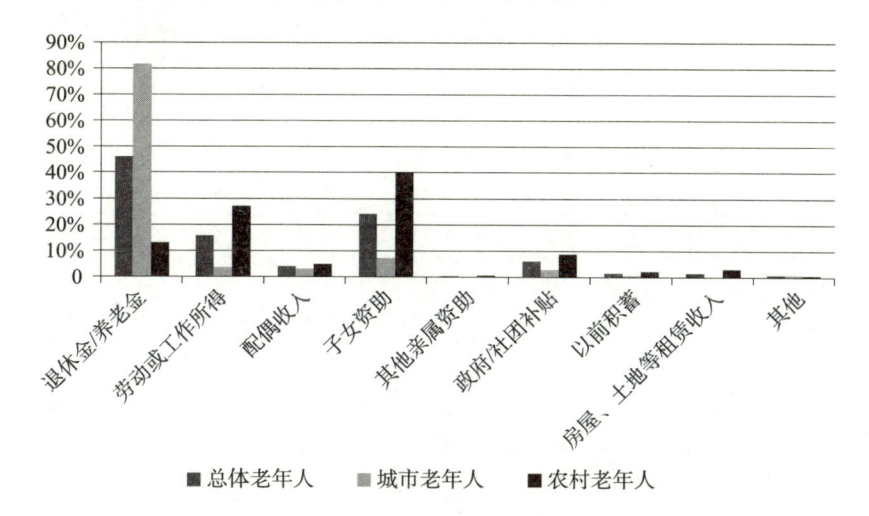

图 5.3 农村和城市老年人首位经济来源

再结合 2015 年全国 1% 人口抽样调查的结果可以更进一步了解农村老年人的各类别的收入在其收入来源中的份额，见表 5.3。

表 5.3 全国农村分年龄老年人的收入来源构成

年龄（岁）	劳动收入	离退休金养老金	最低生活保障金	财产性收入	家庭其他成员供养	其他
总计	34.36%	7.48%	6.81%	0.43%	46.40%	4.52%
60~64	55.98%	6.38%	4.23%	0.50%	28.40%	4.52%
60	61.33%	5.60%	3.52%	0.50%	24.46%	4.59%
61	58.21%	6.27%	4.06%	0.49%	26.47%	4.50%
62	55.48%	6.41%	4.38%	0.48%	28.76%	4.50%

续表

年龄（岁）	劳动收入	离退休金养老金	最低生活保障金	财产性收入	家庭其他成员供养	其他
63	53.06%	6.72%	4.51%	0.53%	30.67%	4.51%
64	50.38%	7.04%	4.85%	0.52%	32.73%	4.49%
65~69	39.21%	7.76%	6.31%	0.48%	41.65%	4.60%
65	46.31%	7.31%	5.54%	0.49%	35.77%	4.59%
66	42.09%	7.80%	5.98%	0.46%	39.13%	4.54%
67	38.11%	7.61%	6.45%	0.51%	42.71%	4.61%
68	34.87%	7.96%	6.80%	0.49%	45.39%	4.48%
69	31.51%	8.25%	7.12%	0.43%	47.89%	4.80%
70~74	21.15%	8.47%	8.41%	0.43%	56.84%	4.69%
70	25.75%	8.48%	7.89%	0.41%	52.83%	4.63%
71	22.94%	8.35%	8.21%	0.46%	55.44%	4.60%
72	20.37%	8.51%	8.33%	0.45%	57.49%	4.85%
73	18.46%	8.67%	9.13%	0.42%	58.47%	4.85%
74	16.72%	8.38%	8.67%	0.43%	61.26%	4.54%
75~79	9.74%	8.42%	9.90%	0.34%	67.12%	4.49%
75	13.60%	8.34%	9.74%	0.32%	63.33%	4.66%
76	10.88%	8.41%	10.01%	0.36%	66.10%	4.23%
77	8.97%	8.63%	9.80%	0.40%	67.56%	4.63%
78	7.67%	8.26%	9.80%	0.30%	69.57%	4.41%
79	6.41%	8.43%	10.21%	0.31%	70.17%	4.47%
80~84	3.76%	7.76%	10.21%	0.24%	73.79%	4.23%
80	4.80%	7.46%	10.31%	0.22%	72.81%	4.41%
81	4.33%	7.91%	10.49%	0.23%	72.86%	4.18%
82	3.53%	8.00%	10.14%	0.20%	73.86%	4.26%
83	2.85%	7.79%	9.76%	0.32%	74.97%	4.32%
84	2.48%	7.65%	10.25%	0.27%	75.47%	3.88%
85~89	1.78%	8.09%	10.07%	0.17%	75.91%	3.98%
85	2.38%	7.63%	10.66%	0.22%	75.07%	4.05%
86	1.73%	8.16%	9.89%	0.14%	76.36%	3.71%
87	1.56%	8.46%	9.91%	0.14%	76.06%	3.86%

续表

年龄（岁）	劳动收入	离退休金养老金	最低生活保障金	财产性收入	家庭其他成员供养	其他
88	1.13%	8.27%	9.89%	0.20%	76.27%	4.21%
89	1.54%	8.25%	9.37%	0.11%	76.49%	4.23%
90~94	0.83%	7.05%	10.68%	0.17%	77.49%	3.78%
90	0.71%	6.76%	10.47%	0.24%	77.86%	3.95%
91	0.83%	8.05%	10.67%	0.20%	76.19%	4.06%
92	0.83%	6.78%	10.04%	0.10%	78.82%	3.46%
93	1.38%	7.41%	11.23%	0.14%	76.48%	3.36%
94	0.47%	5.66%	11.74%	0.00%	78.35%	3.78%
95~99	0.80%	7.09%	8.86%	0.17%	77.74%	5.35%
95	0.51%	6.64%	8.17%	0.09%	79.66%	4.94%
96	1.40%	7.55%	10.07%	0.56%	74.97%	5.73%
97	0.55%	8.99%	9.91%	0.00%	75.23%	5.32%
98	1.29%	6.15%	7.44%	0.00%	78.96%	6.47%
99	0.40%	5.26%	8.50%	0.00%	80.57%	5.26%
100岁及以上	1.57%	6.54%	7.59%	0.26%	78.80%	5.24%

数据来源：2015年全国1%人口抽样调查。

注：由于对数据进行了四舍五入，百分比总和可能不为100%。

按照从高到低排列，家庭成员供养、劳动收入、离退休金养老金、最低生活保障金、家庭其他成员供养、财产性收入是农村老年人最主要的收入来源。其中家庭成员供养在其收入中几乎接近一半，劳动收入略超过三分之一，离退休金养老金平均占7.48%，低保金占6.81%，而财产性收入尚不足百分之一，微乎其微。随年龄增长子女经济供给在农村老年人收入来源中的比例不断提高，劳动收入显著降低，离退休金在收入中的比例相对稳定。从农村老年人总体的角度看，子女供养、自我劳动收入是他们的两大收入支柱，社会化的保障收入只能起到有效的补充作用。

但如果分地区比较，会发现各省（自治区、直辖市）农村老年人的收入来源差异很大（见表5.4）。

表 5.4　全国各地区农村老年人的收入来源构成

地区	劳动收入	离退休金养老金	最低生活保障金	财产性收入	家庭其他成员供养	其他
总计	34.36%	7.48%	6.81%	0.43%	46.40%	4.52%
北京市	14.12%	29.29%	12.63%	2.46%	36.49%	5.00%
天津市	28.78%	8.43%	4.30%	0.33%	52.89%	5.27%
河北省	37.53%	4.97%	6.68%	0.35%	46.53%	3.94%
山西省	34.14%	5.93%	9.99%	0.20%	45.30%	4.44%
内蒙古自治区	33.18%	7.38%	20.82%	0.56%	29.39%	8.68%
辽宁省	39.54%	10.95%	6.46%	0.44%	38.47%	4.14%
吉林省	40.17%	3.83%	7.47%	1.71%	43.27%	3.55%
黑龙江省	31.58%	7.79%	9.19%	1.98%	43.04%	6.41%
上海市	9.35%	73.52%	9.56%	0.03%	2.83%	4.72%
江苏省	38.34%	16.14%	3.96%	0.50%	37.98%	3.08%
浙江省	31.03%	18.72%	4.11%	0.39%	41.54%	4.20%
安徽省	43.35%	2.77%	6.06%	0.43%	43.72%	3.66%
福建省	25.45%	4.48%	3.77%	0.28%	63.02%	3.01%
江西省	30.54%	5.16%	6.32%	0.17%	54.23%	3.58%
山东省	47.16%	4.65%	5.85%	0.30%	39.27%	2.77%
河南省	37.39%	2.48%	6.85%	0.50%	46.48%	6.31%
湖北省	35.95%	8.53%	6.71%	0.15%	44.04%	4.61%
湖南省	30.30%	4.08%	6.95%	0.25%	53.72%	4.71%
广东省	22.90%	6.72%	4.46%	0.23%	60.92%	4.77%
广西壮族自治区	21.40%	4.14%	7.07%	0.23%	62.14%	5.02%
海南省	24.33%	22.30%	7.32%	0.48%	40.56%	5.00%
重庆市	35.00%	9.61%	5.05%	0.25%	44.48%	5.60%
四川省	38.86%	8.68%	5.64%	0.29%	41.70%	4.84%
贵州省	29.19%	3.75%	10.43%	0.30%	49.52%	6.81%
云南省	27.01%	4.18%	9.68%	0.25%	55.42%	3.45%
西藏自治区	17.93%	2.41%	9.52%	0.63%	59.95%	9.52%
陕西省	32.19%	5.16%	6.48%	0.68%	50.19%	5.31%
甘肃省	24.52%	3.79%	7.31%	0.44%	60.19%	3.75%
青海省	16.77%	4.77%	7.51%	0.74%	62.06%	8.14%

续表

地区	劳动收入	离退休金养老金	最低生活保障金	财产性收入	家庭其他成员供养	其他
宁夏回族自治区	23.55%	19.18%	15.71%	0.59%	36.17%	4.81%
新疆维吾尔自治区	28.03%	17.48%	13.75%	1.44%	35.87%	3.44%

数据来源：2015年全国1%人口抽样调查。

注：由于对数据进行了四舍五入，百分比总和可能不为100%。

比较表5.4中各省区的农村老年人收入来源，劳动收入比例最高的是山东，离退休金养老金比例最高的是上海市，达到73.52%；内蒙古自治区农村老年人低保金所占比例最高，财产性收入比例相对最高的是北京农村老年人；而家庭成员供养比例最高的地区是福建，达63.02%，广西、广东等东南部省份和甘肃、青海等西北省份家庭经济供养的比例也很高。

五、子女外出流动对农村老年人经济收入的影响作用

在影响老年人收入的家庭因素中，子女因素被认为是最核心的因素，子女数量、性别、是否外出等对农村老年人而言都可能会影响其收入的高低。以往的研究发现，子女是否外出会对老年父母的代际经济支持存在显著差异。外出务工的子女给予老年人的经济支持比其他子女多（宋璐，李树茁，2008[1]）。大多数子女都会给父母提供货币支持，外出子女提供的要多于留守子女，儿子给予的钱多于女儿（闫萍，2007[2]）。农村子女外出务工后，留守老人经济条件有所改善，外出子女给老人钱的比例和数量都高于留守子女。

---

[1] 宋璐，李树茁. 劳动力外流下农村老年人家庭代际支持性别分工研究[J]. 人口学刊，2008（3）：38-43.

[2] 闫萍. 农村子女外流对父母经济供养状况的影响分析[J]. 西北人口，2007，28（5）：21-24.

但也有研究认为，尽管子女的外出减少了子女对于老人的照料、增加了经济支持，但这些都不是很明显（Merril Silverstein，2006[1]）。

本研究对2014年CLASS调查中农村老年人各个子女的信息进行整理分析后发现，农村老年人的子女中，77.4%的子女给过老年父母钱财等经济支持，平均价值为1060元。为进一步了解子女的流动外出是否会提高对农村老年父母的经济支持，把子女分为外出子女（调查时离开农村老家6个月及以上）和未外出子女两类，通过比较两类子女给老年人的经济支持情况反映子女的外出务工对农村代际经济支持有何影响。结果显示，在调查前一年中外出子女平均每人给老年父母1344元经济上的支持，未外出子女平均每人给父母944元，外出子女对农村老年父母的经济支持力度更大。从外出与非外出子女对老年父母的经济支持构成来看（见图5.4），外出子女和非外出子女没给过父母经济资助的比例相当，分别为18.8%、19.6%。在外出子女中，给父母经济支持在1000元以下的占45.7%，超过1000元的为35.4%。而未外出子女给父母经济支持1000元以下的为53.7%，超过1000元的为26.6%。通过比较

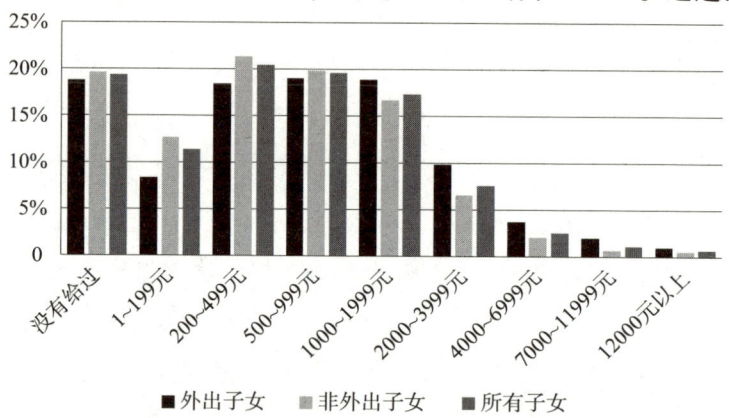

图5.4 农村外出子女与非外出子女对老年父母的经济支持比较

---

[1] Silverstein M, Gans D, Yang FM. Intergenerational Support to Aging Parents: The Role of Norms and Needs. Journal of Family Issues [J]. Journal of Family Issues, 2006, 27(8): 1068–1084.

发现，尽管无论是否外出，都有近20%的子女没有给过父母经济支持，但相比较而言外出子女提供的经济支持数额更大，农村成年子女的外出流动有助于提高对老年父母的经济支持力度。

子女的经济支持是我国老年人的经济来源之一，对于农村老年人甚至是第一位的经济来源；另一方面老年父母也可能为子女提供必要的经济支持。对代际间经济支持状况的分析有助于了解家庭内部经济资源的流动并在一定程度上反映代际关系情况。通过调查发现，有18.7%的农村老年人给过子女经济支持，提供的财物价值平均为178元，远低于子女给农村老年人提供的经济支持均值。因此，我国老年人和子女之间的代际经济支持虽然是双向的，但以子女为老年人提供经济支持为绝对主导方向。

基于上述描述性分析结果，我们认为有必要考虑在多重因素共同作用的情况下更细致地观察子女外出因素到底对农村老年人的经济收入产生多大的影响作用，对此拟采用OLS回归建立模型进行探讨。模型中的因变量为农村老年人在被调查时点前一年的个人年收入，为保证模型中数据的稳定性，对收入进行取对数处理。根据前文描述性分析的结果，自变量包括两大类：一类是反映老年人个体社会人口特征的变量（年龄、性别、受教育程度、婚姻、地区、健康程度、有无离退休金、劳动工作状况）；另一类是代际经济支持变量（子女数量、居住方式、子女是否给老年人经济支持及支持数额、老年人是否给子女经济支持及支持数额）。在代际支持变量中，考虑到农村大量的劳动力外流可能会对农村老年人的经济收入产生影响，因而在模型中加入外出子女数量、是否留守老年人两个自变量（见表5.5）。

表5.5 中国农村老年人个人收入影响因素的OLS回归结果

	系数	标准误	t值
截距	3.73****	0.023	16.60
年龄	0.00	0.003	-1.20
性别（参照项=男性）	-0.12***	0.041	-2.88

续表

	系数	标准误	t 值
受教育程度（参照项＝文盲）			
小学	0.12**	0.047	2.49
初中	0.13**	0.055	2.36
高中及以上	0.20***	0.072	2.77
婚姻（参照项＝有配偶）	0.01	0.049	0.21
居住地区（参照项＝东部）			
中部	－0.09**	0.039	－2.37
西部	－0.14***	0.045	－3.15
健康程度（参照项＝不健康）			
比较不健康	0.02	0.087	0.21
一般	0.08	0.050	0.98
比较健康	0.18**	0.084	2.11
很健康	0.20**	0.086	2.28
是否有退休金（参照项＝否）	0.52****	0.043	12.21
是否有工作（参照项＝否）	0.31****	0.041	7.66
子女数量	－0.02*	0.014	－1.75
外出子女数量	0.04*	0.026	1.69
居住方式（参照项＝独居）			
仅与配偶居住	0.11*	0.067	1.68
与子女居住	0.05	0.057	0.80
其他居住方式	0.17	0.070	－0.23
是否留守老人（参照项＝是）	0.06	0.050	1.12
子女是否给钱（参照项＝否）	－0.10**	0.048	－1.99
子女给钱数	0.00***	0.000	3.23
是否给子女钱（参照项＝否）	0.06	0.080	1.50
给子女钱数	0.00***	0.000	2.94
R – squared		0.36	
Adjusted R – squared		0.33	

表 5.5 中的回归结果表明，对农村老年人经济收入有显著影响的因素有性别、受教育程度、居住地区、是否有退休金/养老金、

是否在劳动工作、子女的经济支持等。相对于男性老年人来讲，农村女性老年人收入是偏低的，在经济上处于明显的弱势地位；虽然农村老年人受教育程度普遍不高，但受教育程度高低与收入呈正相关；从居住地区来看，农村老年人的收入与我国地区经济发展差异一致，东部地区农村老年人的收入高于中部和西部；相对于身体不健康的农村老人来说，比较健康和很健康的老年人收入显然更高。有无退休金和是否在劳动工作也是显著程度很高的两个变量，有退休金的农村老年人收入远高于没有退休金的老人，而仍在劳动工作者的收入要高于未劳动工作者，说明劳动工作是相当一部分农村老年人提高收入的主要途径。

在代际经济支持变量中，子女数量与老年人收入呈负相关，即子女越多老年人的收入有可能反而越低，这或许与多个子女之间更易出现推诿赡养责任等原因有关。但另一方面，农村老年人的外出子女数量越多老年人收入越高，这一结果验证了子女外出有助于提高农村老年人的经济收入。相对于子女不提供经济支持的农村老人，那些获得支持的农村老人收入更低，这说明农村老人只有在经济收入较低的情况下才会寻求子女的经济支持；相反地，农村老年人给予子女的经济支持越多老年人的经济收入也越高，或者说农村老年人在自己经济条件较好的条件下很有可能加大对子女的经济支持。在几种居住方式中，仅与配偶居住的空巢老人的收入要高于独居老人的收入，其他居住方式类型对老年人的收入影响均不显著。值得注意的是，年龄、婚姻对于农村老年人的收入没有明显的影响作用，这与农村老年人的经济收入主要来源于子女支持和自我劳动有关。模型分析结果还表明是否留守老人并不显著影响农村老年人的收入，结合外出子女数量的影响作用我们认为这主要是由于以往研究中对留守老人的概念定义比较宽泛（即仅一个子女外出即算作留守老人），但随着外出子女数量的增多老年人的经济收入会有所提高。

六、讨论与建议

本章根据 2014 年中国老年社会追踪调查数据描述了我国农村老年人的经济收入现状，对不同地区、不同类别农村老年人的经济收入进行了比较分析，并探讨了多种因素对城市和农村老年人收入的影响作用。城镇化对于大多数农村老年人在经济收益上的影响来说更普遍的是通过子女外出来间接体现的。因此，我们用留守与否、外出子女数量等变量来分析这些城镇化因素对农村老年人的经济收入究竟产生怎样的作用。根据分析结果有如下几点初步看法和建议。

首先，农村老年人总体上是一个经济相对贫困的群体，应当作为精准扶贫的重点关注对象。

农村老年人的收入不但远低于全国老年人的平均水平，与调查当年我国农村居民的人均纯收入 8895.9 元相比也有相当明显的差距。中西部省份的农村老年人经济状况更是堪忧，但从人口老龄化的严峻性来看，我国老龄化程度的发展趋势是农村高于城市，中部人口家庭老化程度高于东部、西部，如何保障中西部农村居民在进入老龄阶段有可靠而稳定的经济收入是提高这些地区应对老龄化挑战的重中之重。2013 年 11 月习近平总书记在湘西考察时提出了"扶贫要实事求是，因地制宜。要精准扶贫，切忌喊口号，也不要定好高骛远的目标。"首次提出了"精准扶贫"的概念；中央办公厅在 2013 年 25 号文《关于创新机制扎实推进农村扶贫开发工作的意见》中，将建立精准扶贫工作机制作为六项扶贫机制创新之一。国务院扶贫办随后制订了《建立精准扶贫工作机制实施方案》，在全国推行精准扶贫工作。精准扶贫是指扶贫政策和措施要针对真正的贫困家庭和人口，通过对贫困人口有针对性的帮扶，从根本上消除导致贫困的各种因素和障碍，达到可持续脱贫的目的，其核心在于贫困人口的精准识别和精准帮扶。

由于身体机能相对衰弱、劳动能力下降以及社会养老保障程度不足等原因，农村老年人一直是最容易陷入贫困的社会群体。消除贫困不但是大量农村老年人是否能够实现老有所养的核心问题，也关系到老年人其他方面的保障能否得以实现的基础。从本章的主要调查数据结果来看，在经济收入方面农村老年人群体内部体现出鲜明的特点：高龄、女性、劳动能力缺失或低下、中西部地区，这些类别的农村老年人更易陷入贫困陷阱。要对农村老年人进行精准扶贫，或改善其经济状况，前提必须是清楚掌握老年人个体、家庭的信息和相关经济信息。

其次，与2010年相比我国老年人在经济上的独立性增强，靠家庭供养的比例下降，但农村社会化养老保障水平仍需进一步提高以缓解农村老年人的劳动压力和家庭成员养老的经济压力。

我国农村老年人仍以子女资助和自己劳动收入为主，这两大收入来源依然是我国农村老年人最基本的两大经济支柱，土地、房屋租赁、以前的积蓄对农村老年人的经济保障作用很有限。但与2010年"六普"结果相比，农村老年人的养老金、退休金在收入来源中的比例上升，说明近年来我国农村养老金保障水平有了很大进步。经济上的独立才是农村老年人真正摆脱贫困并享有较高生活水平的基础。长期以来通过农业劳动获得土地收益及靠子女供养是农村老年人养老的两大经济根基，但城镇化正逐渐改变这两大根基存在延续的条件：城镇化使得农业生产向工业化、现代化生产转变，对知识和技能的要求越来越高，不同于简单农业劳动条件下老年人依然能够继续从事生产劳动。加之随着我国土地流转和城镇化步伐加快，不再从事农业劳动的老年人其来自自身劳动的经济收入也必将逐渐萎缩；而作为第二根支柱的子女经济支持随着农村中青年人普遍的、持续的在外流动甚至定居，也面临着日益瓦解的风险。因此，只有通过加大农村社会养老保险的覆盖面和保障程度，使农村老年人获得真正能够起到基本经济保障作用的社会养老保障，才是农村老年人实现经济上老有所养的根本途径。

最后，在以人口外流为主导的城镇化模式下，留守在农村的老年人的确可通过子女的外出在经济上获益，但子女的经济支持程度有限。我国农村家庭代际间的经济流动以从成年子女向老年父母的方向上流动为主，在代际支持变量中子女数量虽然与城市和农村老年人的收入均呈负相关，但子女外出有助于提升农村老年人的经济收入。

与没有外出务工的子女相比，外出子女对老年人提供的经济支持数额更大，回归分析的结果也验证了农村外出子女的数量对老年人经济收入有一定的正向影响作用。我国大量的乡城人口流动不但是农村中青年人提高经济收入主要途径，也使留在农村的老年父母在经济上受益。但也要看到，农村外出子女对留守父母的经济支持也是有限的，例如，外出子女中也有18.8%的人没有在经济上资助父母，这一比例与未外出子女（19.6%）相当；且外出子女中接近半数的人（45.7%）在调查前一年给父母的经济支持低于1000元。

应该说，在城镇化进程中，农村老年人的经济状况在逐渐改善的过程中又面临错综复杂的局面。一方面，比较几次人口普查相关结果会发现农村老年人经济来源中养老金或离退休金所占份额在提升，这是社会养老保障程度提高、老年人经济走向独立的表现；加之持续多年的源源不断的劳动力外流也使农村老年人通过家庭内部的经济资源转移受惠。但当前我国的城镇化发展进入一个新的时期，随着人口红利日渐消失，劳动力外流对包括老年人在内的留守人群的经济驱动力在稳定中必然走向衰减，而且家庭、子女在经济上的养老作用虽然即便在社会转型时期还保持着相对稳固的功能，但从国内外经济发达地区的历程来看，随着城镇化和现代化的进一步发展，由更为可靠的社会保障来起到养老的经济托底作用是必然趋势，在此基础上老年人通过个人在晚年期以前的经济积蓄、财产积累才是应对老年期经济风险的根本之策。所以既要强调在城镇化过程中加快建立完善制度性的养老保障体系，在家庭经济供养功能尚保持较好的有限时间里尽快提高保障程度并逐渐发挥主导作用。

另一方面也必须着眼于当前的农村中青年人,通过多种方式鼓励其在经济上为养老进行储备,这是未来城镇化水平进一步提高后解决农村转移人群养老保障问题不可忽视的关键。

参考文献

[1] 爱德华·帕默,邓曲恒. 中国经济转型对老年人收入的影响 [J]. 中国人口科学,2005 (6):38 - 48.

[2] 杜鹏,谢立黎. 中国老年人主要生活来源的队列分析 [J]. 人口与经济, 2014 (6):3 - 11.

[3] 王萍,李树茁. 农村家庭养老的变迁和老年人的健康 [M]. 北京:社会科学文献出版社,2011.

[4] 杨菊华,陈志光. 老年绝对经济贫困的影响因素:一个定量和定性分析 [J]. 人口研究,2010 (5):51 - 67.

[5] 叶敬忠,贺聪志. 农村劳动力外出务工对留守老人经济供养的影响研究 [J]. 人口研究,2009 (4):44 - 53.

[6] 曾毅,王正联. 我国 21 世纪东、中、西部人口家庭老化预测和对策分析 [J]. 人口与经济,2010 (2):1 - 10.

[7] Becker, G., 1974, A Theory of Social Interactions. Journal of Political Economy, 82:1063 - 1093.

[8] Lee, Y. J., and Xiao, Z., 1998. Childrens' Support for Elderly Parents in Urban and Rural China:Results from a national survey. Journal of Cross - Cultural Gerontology 13:39 - 62.

[9] Silverstein, M., Gans, D. 2006. Intergenerational Support to Aging Parents:The Role of Norms and Needs. Journal of Family Issues,27 (8):1068 - 1084.

第六章 农村老年人的健康水平与照料服务的供需状况

由于多重因素共同影响着老年人的健康过程和结果，对老年人健康的认识就必须通过更广泛的指标来衡量，而不仅仅局限在疾病、寿命这些常规指标上。而且，对老年人健康的衡量或评估应根据所针对的目标来开展，不同的目标下强调的重点和指标细化程度也应当有所不同。在本研究中，更注重通过分析农村老年人口的健康状况来考察照料服务需求情况，为相关服务提供参考。

一、应更全面地评估老年人的健康

对老年人健康的认识和评估是开展老年人照料服务的基础。而评估又必须建立在对老年人健康内涵和理念的理解上。关于健康、老年人健康的认识不断增加，经历了从"没有疾病"到"一种躯体、心理和社会的完整状态，而不仅仅是没有疾病或虚弱"（世界卫生组织，1947），直至"健康是老年人能够完成他们认为重要的事情所具备的根本属性和整体属性"（世界卫生组织，2016年）[1]。健康内涵的演进表明不能再狭隘地把老年人的健康定义为没有疾病，而应该从多维度、从对重要生活内容影响的功能和结果的角度来看待老年人的健康。

---

[1] 世界卫生组织. 关于老龄化与健康的全球报告. 2016.

"健康老龄化"很长时间以来是作为应对老龄化的一种理念得到了广泛的认同。但对于老年人来说如何区分他们是健康还是不健康却尤难提出一个标准，例如，如果把没有疾病作为一个绝对标准，那么绝大多数老年人都处于不健康状态，因为他们大多患有一种甚至多种疾病，但有的疾病并未对其日常生活带来很大影响，依然能够独立生活甚至有较高生活质量。世界卫生组织为了制定老龄化公共卫生政策目标，基于整个生命历程全局把健康老龄化定义为：发展和维护老年健康生活所需的功能发挥的过程。其中，功能发挥是指个体能够按照自身观念和偏好来生活和行动的健康相关因素。由个人内在能力与相关环境特征以及两者之间的相互作用构成；内在能力是个体在任何时候都能动用的全部身体机能和脑力的组合；而在健康老龄化中对环境的定义很广泛，包括组成个体生活背景的所有因素——从微观到宏观层面的家庭、社区和社会因素，如建筑环境、人际关系、态度和价值观、卫生和社会政策、支持系统及其提供的服务等❶。

世界卫生组织采用了疾病、寿命、日常生活自理能力、工具性日常生活自理能力、心理健康等指标来衡量老年人的健康状态。而对于老年人功能发挥明显缺失和照护依赖的考量则主要采用日常生活活动能力量表。我国农村老年人的照料需求是基于身心健康多方面条件形成的综合结果，需要从多个维度去测评，只侧重身体或心理的单一维度评估是不够的；此外，客观身体心理状况的评估固然不可缺少，但老年人究竟是否需要他人照料还应当参考他们自身的主观意愿。因此在世界卫生组织常用衡量指标的基础上，本研究进一步考察农村老年人主观自评健康指标，进而对照料需求有更全面的了解。

---

❶ 世界卫生组织. 关于老龄化与健康的全球报告. 2016.

二、劳动力外流与农村老年人的健康：对作用路径的探讨

尽管基因、遗传等生物学因素是影响人们在晚年期健康结果的主要因素，但社会经济因素也在发挥越来越难以忽视的作用。而社会环境、家庭环境等因素作为我国当前正发生剧烈变化的因素，可能也对老年人的健康带来影响。其中对于农村老年人来说，尤其值得关注的是其社会网络中的核心成员——子女的外流是否对他们的健康产生作用？诚然除了劳动力外流外其他城镇化的因素很可能也会对老年人健康有影响，如就地城镇化、村改居等，但相对而言，劳动力外流在中国农村范围更广、持续的时间也更长，因此这一领域的调查研究数据也比较丰富。囿于数据资料的限制，本章实证方面的研究也主要集中在劳动力外流对农村老年人的健康影响方面。

从简单的逻辑关系来假设，有两大方面的因素会影响农村家庭留守老人的健康，一方面是自身的内在因素，如年龄、性别、已有的健康基础等；另一方面是外在因素，如经济条件、医疗条件、照料资源等。劳动力外流作为一种外部因素或力量，可能会对留守老年人的健康产生如下两种相反的作用路径及结果。

作用路径一：劳动力外流→家庭中照料老年人的人力资源减少→孤独感抑郁程度等提升；及时就医受延误；家庭照料的可获得性减少→降低老年人健康水平。

作用路径二：劳动力外流→子女经济收入提高→子女对老年人的经济支持增加→老年人生活条件改善；获取更好医疗服务的机会增加；老年人生产劳动负担降低→提升老年人健康水平。

对这两种观点都分别得到了研究的支持。如 Hugo 认为子女劳动力转移会导致潜在提供照料人数的减少和家庭养老质量的降低，从而对老年人的生活照料会产生很大的负面影响，并最终造成农村

老年人福利和健康状况（Hugo，2002）❶。而王小龙等人的研究则发现尽管在农村公共养老服务缺失的条件下劳动力转移会给留守老人健康造成很大的负面影响，但劳动力转移对于农村家庭留守老人健康存在显著的促进作用，正向影响大于负向影响（王小龙、兰永生，2011）❷。在我们的分析中，为了了解子女外出对农村老年人的健康产生怎样的影响，把是否留守作为一个重要变量纳入研究，观察农村留守老年人（有子女外出）与非留守老年人（无子女外出）在健康方面的差异。

根据上述研究，我们拟从农村老年群体的角度探讨健康，并了解他们由于健康因素而产生对照料服务的需求。选取慢性疾病患病情况、躯体功能情况（日常生活自理能力、工具性日常生活自理能力）、心理健康水平（认知能力水平、抑郁水平）、自评健康状况这几个方面的指标进行初步衡量。关于调查数据与样本，2014年中国老龄社会追踪调查中，共获得5963个农村老年人样本，剔除主要变量缺失的样本后余5868个有效样本。按照调查时是否有子女外出（指跨越县及以上行政区域）达6个月以上这一判断标准，如果有子女外出则为留守老年人，若无子女外出则为非留守老年人，则有效样本中52%（3051个）是留守老年人，48%（2817个）为非留守老年人。

三、慢性疾病患病情况

慢性病往往是导致老年人需要医疗和照料服务的主要原因。2014年中国老年社会追踪调查发现，超过四分之三（78.8%）的农村老年人患有慢性疾病，仅21.2%的人未患慢性病。细分农村老

---

❶ Hugo, Graeme John. Effects of International Migration on the Family in Indonesia [J]. Asian and Pacific Migration Journal, 2002, 11 (1): 13-46.

❷ 王小龙，兰永生. 劳动力转移、留守老人健康与农村养老公共服务供给 [J]. 南开经济研究，2011 (4): 21-31.

年人的话，发现：在性别差异方面，农村男性老年人中患慢性病的占75.6%，农村女性老年人的患病率更高，达81.7%。从各年龄组的结果来看，从低龄到高龄组的农村老年人慢性病患病率呈现倒"U"形（见图6.1）。

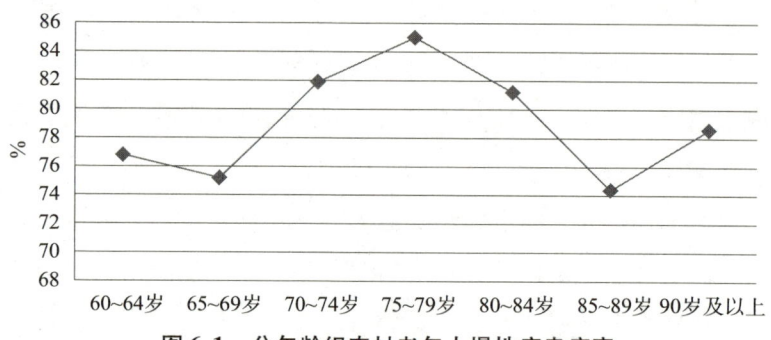

图6.1 分年龄组农村老年人慢性病患病率

数据来源：2014年中国老龄社会追踪调查。

患病率最高的是75～79岁组的农村老人，达到85.0%，而超过80岁的更高年龄的农村老年人患病率反而略呈下降趋势，可能与能够存活下来活到更高龄的老年人健康相对更好有关，也可能与更高年龄老年人对慢性病的认知与判断灵敏度下降有一定关系。此外，留守老年人慢性病患病率略高于非留守老人，留守老人为77.3%，非留守老人为75.5%，但卡方检验并不显著。如果我们再进一步把子女外出情况细分使农村老年人成为三类：无子女外出（即非留守老人）、部分子女外出、全部子女外出，则会发现：无子女外出的老年人慢性病患病率为75.5%，部分子女外出的老人为77.7%，而全部子女外出的老人为75.9%。部分子女外出的老人要略高于无子女外出和全部子女外出的老人。

2014年调查还收集了老年人患慢性病的种类情况。在23种主要慢性疾病中，我国农村老年人患病率最高的前五种疾病分别是高血压（40.03%）、关节炎（26.75%）、颈/腰椎病（26.38%）、心脏病（22.23%）以及类风湿（21.94%）。与城市老年人相比，农村老年人类风湿患病率高出城市老年人11.24个百分点，颈/腰椎病和关节炎的患病率农村老年人也更高。

四、日常生活自理能力

在评价老年人照料需求的若干领域中，躯体功能状况对照料需求起着决定性的作用。本研究采用使用最为广泛的基础性日常生活活动（ADL）能力量表和工具性日常生活活动（IADL）能力量表来测量老年人的生活自理能力。其中，ADL用于评价老年人基本的日常生活独立活动能力，包括上厕所、进食、穿衣、梳洗、行走和洗澡六项。在研究中按照失能的项目数划分为四个自理程度等级：完全能自理（0项失能）、轻度失能（1~2项失能）、中度失能（3~4项失能）、重度失能（5~6项失能）。日常生活活动能力是维持基本生活的能力，如果受损或丧失，老年人独立生存的状态将难以维系，需要外界提供必要的照料或支持。根据2014年中国老年社会追踪调查我国农村老年人的ADL功能情况见表6.1。

表6.1 中国农村老人日常生活自理能力（ADL）状况（%）

日常生活自理能力状况		功能完好	轻度受损	中度受损	重度受损	合计
总体		90.4	6.0	1.6	2.0	100
是否留守	留守	92.0	5.2	1.2	1.6	100
	非留守	88.9	6.7	2.1	2.3	100
性别	男性	92.0	5.0	1.4	1.6	100
	女性	89.1	6.9	1.7	2.3	100
年龄	60~69	95.8	2.5	0.8	0.9	100
	70~79	88.7	7.4	2.2	1.7	100
	80及以上	74.1	16.1	3.6	6.2	100
婚姻	有配偶	93.4	3.7	1.2	1.7	100
	无配偶	85.7	9.6	2.3	2.4	100

数据来源：2014年中国老年社会追踪调查（CLASS）。

结果显示中国农村ADL功能完好的老人占90.4%，轻度受损的占6.0%，中度及重度受损的老年人分别占1.6%和2.0%。也就是说从老年人的身体功能而言，因ADL功能有损伤而应该得到照料的老人占9.6%。留守老年人的日常生活自理能力总体上好于非留守老人，功能完好的留守老年人为92%，非留守老人为88.9%。男性日常生活自理能力完好的比例高于女性、低龄老人高于高龄老人、有配偶的老人高于无配偶的。

以往很多研究或实践中只采用ADL来测量老年人的自理能力，从而得出客观程度上需要照料的老年人数量，但事实上老年人的工具性日常生活自理能力即IADL这一指标也很必要。IADL用于评价老年人在现代社会环境中需要具备的日常生活活动能力。因为在现实生活中，尽管有些老年人完成基本日常生活活动没有困难，如吃饭、穿衣、行走等可以自理，但他们在做饭、购物、使用交通工具、理财等工具性的日常活动方面存在困难，需要由他人提供不同程度的帮助。特别是有的农村男性老年人在丧偶后，常会面临因不会做饭而陷入困境，甚至这些现实生活中的困难会成为农村老年人入住养老院的主要原因。所以对于IADL有缺失的老人仍需要得到他人照料。因此本研究在分析ADL的基础上，将IADL也纳入农村老年人身体功能状况的衡量范围。

在2014年CLASS调查中包括购物、外出、做饭、做家务、使用交通工具、提重10斤、打电话、吃药、管理财务等。我们按照失能项目数把中国农村老人的IADL功能状况划分为三个等级：功能完好（0项失能），功能低下（1~5项失能），功能障碍（6~10项失能）。结合2014年中国老年社会追踪调查数据进行测量得到：我国农村老年人中IADL功能完好者占44.8%，IADL功能有不同程度缺损的占45.0%，功能有明显障碍的老年人为10.2%（见表6.2）。总体来看，不能独立或者借助日常工具而完成某项活动的农村老年人占了55.2%，超过半数以上。

表6.2 中国农村老年人工具性日常生活自理能力（IADL）状况（%）

工具性日常生活自理能力状况		功能完好	功能低下	功能障碍	合计
总体		44.8	45	10.2	100
留守状况	留守	46.6	44.6	8.8	100
	非留守	43.1	45.4	11.5	100
性别	男性	56.5	36	7.5	100
	女性	34.6	52.8	12.6	100
年龄	60~69	59.9	36.3	3.8	100
	70~79	32.7	55.7	11.6	100
	80及以上	10.9	57.7	31.4	100
婚姻	有配偶	54.6	39	6.4	100
	无配偶	29.3	54.6	16.1	100

数据来源：2014年中国老年社会追踪调查（CLASS）。

农村留守老人IADL功能完好的比例略高于非留守老人，而功能低下和存在障碍的比例却低于非留守老年人，说明总体上留守老年人的工具性日常生活自理能力更好。农村女性老年人的工具性日常生活自理能力比男性老年人更差。年龄越大的农村老年人其工具性生活自理能力的损伤程度也越高，特别是80岁及以上的农村老年人中，IADL功能完好的比例仅占10.9%。没有配偶的农村老年人工具性日常生活自理能力远低于有配偶者，所以处于无配偶状态的农村老年人在做饭、家务等日常活动中存在着诸多障碍。

但是，与日常生活起居紧密相关的ADL指标相比，IADL指标中存在某些障碍的老年人对他人的依赖性并不大。特别是在功能低下而非障碍的老年人中，可能即使没有他人照料也并不会对其生活有很大影响，如有的农村老人不会使用交通工具，但实际生活中真正必须使用交通工具的机会并不多。相对而言，只有当IADL失能项目达到六项及以上，存在严重的功能障碍时，老年人客观上的照料需求才会比较高。Lawton（1968）指出，利用有效的工具对身体功能进行评估也应构成系统评估方法的一部分，ADL和IADL两种量表都应被纳入常规评估程序的一部分。王丽丽、陈长春（2014）等学者在对城市社区老年人日常生活能力现状进行测量时就将 ADL 和 IADL 两大指标合并同时纳入自理能力量表，据此测量老年人自理能力。根据 Lawton 自理能力量表，我们结合 2014 年 CLASS 数据剔除掉六项与中国农村老年人日常生活照料需求联系不太紧密的 IADL 项目，选取梳化打扮、做饭、做家务以及购物四项与老年人日常生活最为紧密相关的 IADL 项目，然后用这四项 IADL 项目和六项 ADL 项目来共同测量农村老年人的整体生活自理能力，以此评价其客观上的照料需求。结果发现我国农村老年人生活能够完全自理的占 74.7%，轻度受损（1~2项失能）、中度受损（3~5项失能）和重度受损（6~10项失能）者的比例分别为 14.3%、6.9% 和 4.1%。即使不考虑农村生活自理能力轻度受损的老人，中度与重度受损老年人的占比也达到 11%。留守老年人、非留守老年人能完全自理的比例分别为 76.2%、73.3%。

五、认知能力与抑郁水平

党的十九大报告提出"完善社会救助、社会福利、慈善事业、优抚安置等制度，健全农村留守儿童和妇女、老年人关爱服务体系"。其中农村留守老年人的关爱服务必须在了解老年人心理健康状况的基础上才能更有效提供。

对于心理健康的概念，各国学者没有统一的定义。1946 年召开的国际心理卫生大会上指出："心理健康就是个人在与其他人心理上和谐相处的条件下，其生理、智力以及情绪上都处于最理想的状态。"认知能力水平与抑郁水平是老年人心理健康的主要衡量指标。我们采用简易精神状态量表（MMSE）来测量农村老年人的认知能力情况，能够比较全面、准确地反映老年人的智力状态及认知功能缺损程度。结合 2014 年 CLASS 调查项目，对 MMSE 量表中的定向力（5项）、记忆力（3项）、注意力和计算能力（5项）、回忆力（3项）四个方面进行了测量，每个题项答对计1分，答错计0分，认知能力的得分范围从0到16分，得分越高表明认知能力水平越高。

结果显示，我国农村老年人的认知能力平均得分为12.51分，低于全国老年人的平均得分（13.29分），更低于城市老年人认知能力平均分（13.81）。虽然农村老年人总体认知水平良好，但其中的女性、高龄老年人认知能力相对较差，而且随年龄增加认知能力得分不断下降。认知能力得分低的老年人面临较大的失智风险，对失智老年人照料服务的强度和难度更大。而当前大部分农村地区还难以为失智老人提供更专业化的照料护理服务，随着农村人口高龄化趋势的不断发展，农村失智失能老年人的照护问题必然凸显出来。

对于我国农村老年人心理健康的另一个指标——抑郁水平，采用抑郁量表（CES-D）来测量（Radloff，1977）。量表中的9个项目中有3项表示积极情绪情况（心情很好、日子过得不错、很多乐趣），2项表示消极情绪情况（感觉孤单、心里难过），2项表示情感边缘化情况（感觉没用、没事可做），还有2项表明躯体症状情况（食欲不振、睡眠问题）。被调查老年人在过去一周经历的每一个感受或症状频率计为0（没有）、1（有时）、2（经常）。抑郁程度的得分范围从0到18，得分越高表明抑郁的程度越高。调查结果发现，农村老年人的抑郁水平平均分为5.04分，高于全国老年人的平均得分（4.42分），更高于城市老年人的平均分（3.96分），说明农村老年人总体上的抑郁程度更强。

相对于没有子女外出的农村老年人来说，有子女外出打工的农村留守老人感到孤独的比例更高，例如对于"过去一周您觉得孤单吗？"，67.2%的无子女外出的老人没有感到孤单，但有子女外出的老年人中这一比例略低，为62.2%，而且经常感到孤单的留守老人比例也要明显高于非留守老人，前者为13.3%，后者为8.7%。应当说，劳动力外出对农村老年人心理上的影响更甚于身体的影响，子女外出后农村老年人更易感到孤独，而身体健康状况不佳的农村老年人却往往因为需要照料而制约了子女的长期外出，使得留守老年人在健康方面反而体现出优于非留守老人。这意味着对于大量的农村留守老年人，除了为不能自理或部分不能自理者提供照护帮助外，还要重视他们比较广泛存在的内在心理与精神需求，缓解其孤独感，保持良好的心理状态，防止抑郁、痴呆等疾病的发生。

六、自评健康和主观照护需求

健康自评是老年人对自身健康水平的一个综合感受结果，认为自己"很不健康"的农村老年人更有可能需要他人的照料支持。2014年的调查发现，我国"很不健康""比较不健康""一般""比较健康""很健康"的农村老年人分别为7.63%、26.21%、25.61%、28.73%和11.82%。自评比较不健康和很不健康的比例约占三分之一（33.84%），远高于城市老年人（21.65%）。

是否需要他人照料是另一个与健康相关的主观评价指标（见表6.3）。我国农村老人认为自己需要得到照料的占8.2%，其余均认为自己不需要他人照料。

表6.3 中国农村老年人主观生活照料需求（%）

变量		主观照料需求			P值
		需要	不需要	合计	
总体		8.2	91.8	100.0	
性别	男	7.2	92.8	100.0	0.005
	女	9.2	90.8	100.0	
年龄	60~69岁	4.3	95.7	100.0	0.000
	70~79岁	8.5	91.5	100.0	
	80岁及以上	21.9	78.1	100.0	
婚姻状况	有配偶	6.0	94.0	100.0	0.000
	没有配偶	11.8	88.2	100.0	
自理能力	完好	0.7	99.3	100.0	0.000

续表

变量		主观照料需求			P值
		需要	不需要	合计	
自理能力	轻度受损	5.2	94.8	100.0	0.000
	中度受损	43.7	56.3	100.0	
	重度受损	92.1	7.9	100.0	
文化程度	上过学	5.8	94.2	100.0	0.000
	没上过学	11.0	89.0	100.0	
地区分布	东部地区	7.6	92.4	100.0	0.051
	中部地区	7.7	92.3	100.0	
	西部地区	9.5	90.5	100.0	
年收入	5000元以下	9.5	90.5	100.0	0.000
	5000~10000元	5.9	94.1	100.0	
	10000元及以上	4.5	95.5	100.0	
留守状况	留守	6.7	93.3	100.0	0.000
	非留守	9.6	90.4	100.0	
家庭社会支持网络	欠发达	8.4	91.6	100.0	0.052
	较发达	6.9	93.1	100.0	
朋友社会支持网络	欠发达	9.1	90.9	100.0	0.000
	较发达	4.9	95.1	100.0	

数据来源：2014年中国老年社会追踪调查（CLASS）。

结合表6.3数据我们可初步看出不同特征农村老人主观照料需求呈现如下特点：

就社会人口特征而言，女性老年人由于身体状况往往较差，因此女性老年人比男性老年人有着更多主观上的照料需求。随着年龄增长，老年人的身体状况逐渐变差，因此主观上认为自己需要得到照料的老人比例也逐渐增多，这一现象在80岁及以上的农村老人群体中显得更为突出，80岁及以上的高龄老人的主观照料需求比例达到了21.9%。我国农村地区，配偶是承担其照料任务的主体，因此没有配偶的农村老人在日常生活中往往面临更多的困难，和有配偶的老人相比在主观上有更多的照料需求也不难理解。

就老年人的健康因素而言，自理能力越差的老人主观上的照料需求也越大。健康因素始终是影响老人照料需求的关键因素，自身的身体状况以及能否自理往往是老人考虑自己是否需要生活照料的出发点。具体来说，生活自理能力完好的老人当中，只有0.7%的人认为自己需要得到照料，但随着自理能力损伤程度的加重，主观上认为自己需要得到照料的老人比例也越来越高。自理能力轻度受损的老人当中，5.2%的老人有主观上的照料需求，自理能力中度受损的人当中，这一比例则增长到43.7%，对于自理能力重度受损的老人而言，超过九成的老年人有主观上的照料需求。

就社会经济地位因素而言，经济条件越差、文化程度越低以及所在地区越落后的老年人主观上的照料需求也越多。具体来说，在文化程度方面，农村没上过学的文盲老年人的主观照料需求比上过学的老年人的照料需求更高，因为文化程度往往和社会经济地位的高低相联系，农村文盲老人的社会经济地位无疑是社会的最底层，经济条件、身体状况都处于较差的水平，因此也需要得到更多的照料。在经济收入方面，年收入在5000元以下老人的主观照料需求高于年收入5000～10000元以及10000元以上的老人，经济收入越低的老人，其生活状况及身体健康状况也越差，因此更希望得到他人的照料。在居住地区的差异方面，与中部地区、特别是东部地区的老人相比，西部地区的老人无论是生活的自然环境还是经济条件都处于劣势地位，生存处境更为艰难，身体状况往往也是最差的，因此也有着更高的照料需求。

就家庭因素而言，非留守老人和留守老人相比反而有更多的主观照料需求。根据家庭生命周期理论，老年人年龄越大、身体越差、其成年子女外出务工的可能性也就越小，他们成为留守老人的可能性也就越低，这部分老年人由于身体状况较差，因此更期望得到子女或者他人的照料，因此和留守老人相比，他们有更多的照料需求。

七、小结与讨论

根据 2014 年中国老年社会追踪调查数据，本章从多个维度对我国农村老年人的健康状况及其照料需求进行了初步评估，描述了不同类型农村老年人的健康特点，并探讨子女外出、地区差异等因素与老年人的照料需要等相关关系，得出一些初步发现，以下将基于这些初步发现进一步讨论。

首先，关于中国农村老年人的失能照护数量问题。根据 2014 年的抽样调查，我国农村老年人 ADL 不能完全自理的老年人占 9.6%，其中轻度受损的占 6.0%，中度及重度受损的老年人分别占 1.6% 和 2.0%。按此比例大致推算，2014 年我国农村日常生活不能完全自理的老年人约为 1066 万人，其中轻度失能的 666 万人、中度失能 178 万人、重度失能 222 万人。对于重度、中度失能老人应当得到专业化的长期护理，尤其是 222 万左右的重度失能农村老年人更是专业医疗和照护服务的重点人群。随着高龄化发展，我国农村失能、部分失能老年人的规模还将进一步扩大，只有尽快加强长期照护体系才能满足他们不同程度的照料护理需要。

事实上，除基本生活自理能力外，如果考虑工具性日常生活自理能力（IADL），我国农村老年人中 IADL 功能完好者占 44.8%，有不同程度缺损的占 45.0%，功能有明显障碍的老年人为 10.2%。总体来看，不能独立或者借助日常工具而完成某项活动的农村老年人占了 55.2%，超过半数以上。也就是说，我国农村有 55.2% 即约 6127 万老年人在日常生活中均存在不同程度的障碍和困难，这对社区、家庭、机构提供的非专业化及专业化照料都提出了巨大要求，特别是社区与机构如何提供一些以家务、购物帮助等为主要内容的可控的、间歇性的养老服务值得探讨，真正使得照料服务建立在弥补老年人功能不足的基础之上，解决老年人生活中的现实困难，为家庭照料者提供有效支持。

其次，在心理健康方面，通过对认知和抑郁的衡量发现农村老年人、高龄老年人的心理健康风险较大。虽然我国老年人总体心理健康良好，但农村、女性、高龄老年人的认知与抑郁问题相对比较突出，认知能力得分低的老年人面临较大的失智风险，特别是进入75岁以上后老年人的认知和抑郁水平显著增高，是失智老年人的重点群体。加之老年人生活自理能力的下降与抑郁水平增高、认知能力下降有紧密关系，使得对失能失智老年人提供照料服务的难度和强度更大。

在孤独感方面，有子女外出打工的农村留守老人感到孤独的比例更高，经常感到孤单的留守老人比例要明显高于非留守老人，劳动力外出对农村老年人心理上的影响更甚于身体的影响，子女外出后农村老年人更易感到孤独，而身体健康不佳的农村老年人却往往因为需要照料而制约了子女的长期外出，使得留守老年人在健康方面反而体现出优于非留守老人。这意味着对于大量的农村留守老年人，除了为完全不能自理或部分不能自理者提供照护帮助外，还要重视他们比较广泛存在的内在心理与精神需求，缓解其孤独感，保持良好的心理状态，防止抑郁、痴呆等疾病的发生。而当前大部分农村地区还很难为失智老人提供更专业化的照料护理服务，随着农村人口高龄化趋势的不断发展，农村失智失能老年人的照护问题必然凸显出来。对于留守老人来说，缓解其孤独感，防止抑郁、痴呆等疾病的发生风险是关爱农村老年人体系中非常必要的内容。

此外，健康自评和农村老年人主观表达出来的照料需求也是照料服务提供所要参考的因素。自评比较不健康和很不健康的农村老年人比例约占三分之一（33.84%），远高于城市老年人（21.65%）的水平。从主观意愿来看我国有8.2%的老年人需要别人在生活起居上提供帮助，比较留守与否两类老年人的差异，非留守老人和留守老人相比反而有更多的主观照料需求。根据家庭生命周期理论，老年人年龄越大，身体越差，其成年子女外出务工的可能性也就越小，他们成为留守老人的可能性也就越低，这部分老年人由于身体状况较差，因此更期望得到子女或者他人的照料，因此和留守老人相比，他们有相对更强烈的照料需求。在居住地区的差异方面，与中部地区特别是东部地区的老人相比，西部地区的老人无论是生活的自然环境还是经济条件都处于劣势地位，生存处境更为艰难，身体状况往往也是最差的，因此也有着更高的照料需求。

调查分析表明我国失能、半失能农村老年人的数量和比例都相当庞大，对照料护理的需求大、持续时间长，既需要日常家务式的非专业化帮助，也需要专业化的医疗护理、康复等服务，这些照料与服务内容涉及医疗卫生、社会服务的若干领域，仅由家庭或社会某一个单一的角色来承担是不现实的，也是难以为继的。建立由个人、家庭、社会、政府合理分担的长期照料护理体系已是势在必行，而对老年人照料需求进行更为精准化、动态化的评估则是体系建立的基础和前提。

第七章　照料接受者与照料提供者的双重角色

必须承认的是，尽管老年人的角色更广泛地被认为是需要他人照料、支持的对象，但现实中大量的老年人不但不需要他人照顾，反而可能是照顾配偶、子女、孙子女等主要角色。而这种双重角色对处于剧烈城镇化中的农村老年人而言更加典型。

2017年3月国务院印发了《"十三五"国家老龄事业发展和养老体系建设规划》，提出到2020年我国的养老服务供给能力要大幅提高、质量明显改善、结构更加合理，多层次、多样化的养老服务更加方便可及。而现有的社会养老服务资源是否契合农村老年人的照料需求既是评价已有政策实施效果必须参考的指标，也是构建新时期社会养老服务体系不能忽视的基础信息。而养老服务供给的问题又必须根据老年人家庭的实际需求情况来讨论，其中的关键问题包括：哪些是需要照料的重点人群？谁在照料有需求的农村老年人？老年人已获得了哪些服务？还需要什么样的服务？关于第一个问题在前一章中已通过对农村老年人健康的综合评估作了初步分析，本章将着重探讨农村老年人作为照料接受者的获得情况。

另一方面，作为照料提供者，农村老年人承担了哪些照料责任、负担如何？由于普遍的中青年劳动力外出，农村"空心化"使老年祖父母在照顾孙辈方面的责任加剧，本章将以照料孙辈为核心考察农村老年人作为照料提供者的角色。

一、作为照料接受者的服务获得情况

1. 谁是首要照顾者

在上一章中,采用日常生活自理能力量表衡量,2014 年我国农村老年人不能完全自理者约占总体农村老人的 9.6%,约为 1066 万人,这部分老年人是需要得到照料护理的群体。在我国,长久以来家庭成员一直是照料老年人的首要提供者,通常只有当家庭照料资源难以满足老年人的需要时才由社会化的照料服务来补充。此次调查也发现在有照料需求的老年人中,94.96% 的老年人有人照料,但还有 5.04% 的老年人没有人照料。对于那些获得照料的老年人,在过去一年为他们提供照料的首要照料者分布见表 7.1。

表 7.1 需要照料的农村老年人的首要照料者分布(%)

首要照料者	男性老年人	女性老年人
配偶	55.83	21.54
儿子	17.79	36.59
儿媳	9.82	19.11
女儿	10.43	17.48
女婿	0	0
(外)孙子女或配偶	0.61	2.03
其他亲属	3.07	0.41
保姆或小时工	1.84	2.85
其他人	0.61	0
合计	100	100

注:由于对数据进行了四舍五入,百分比总和可能不为 100%。

不同性别的农村老年人首要照料者有较大差异,男性老年人首要照料者比例前五位的排序依次是:配偶、儿子、女儿、儿媳、其他亲属;而农村女性老年人的前五位照料者排序是:儿子、配偶、儿媳、女儿、保姆或小时工。超过一半的男性老年人由老伴照料,而需要照顾的农村女性老年人只有 21.54% 由老伴照顾,她们更多地靠儿子提供照料。与城市老年人相比,城市老年人照料者中儿子与女儿的比例相当,而农村老年人首要照料者中儿子的比例是女儿的近两倍,表明城市中儿子与女儿几乎承担了同等的照料老年父母的任务,而在农村照顾父母则更多地由儿子来承担,女儿起辅助作用。如何提高社会照料的供给水平来缓解家庭照料者的负担已是现实所趋。

2. 可及的养老服务机构和设施

关于养老服务机构的覆盖和使用现状是了解服务提供情况的重要信息。2014年CLASS调查中的社区问卷涉及了老年人居住地附近养老服务设施的问题,结果发现城市与农村养老服务机构或设施存在显著差异(见表7.2)。托老所/老年日间照料中心在城市的覆盖率达到28.52%,农村仅为5.00%;有养老院/敬老院的农村为10.47%,也远低于城市的覆盖率。养老院、托老所等是为老年人提供社会化照料服务的主要机构和场所。相比较而言,我国社区医院、医疗服务站等医疗机构的覆盖率比较高,城市为83.53%,农村达到90.46%。另外,满足老年人精神文化、文娱健身、社会参与需求的各类场所和设施在城乡之间也有很大差别。其中城市的健身与公园、老年活动室覆盖率远高于农村,说明农村老年人的身体与精神文化生活方面的设施还需加强建设才能缩小城乡差距。

表7.2 我国分城乡养老服务机构或公共服务设施的覆盖情况(%)

	城市	农村	总计
托老所/老年日间照料中心	28.52	5.00	19.01
养/敬老院	22.01	10.47	17.30
体育健身场所	79.35	47.29	66.43
公园	40.36	7.20	26.83
老年活动室	82.06	40.10	65.22
图书室(馆)	72.92	76.71	74.46
居(村)民志愿者组织	81.44	22.66	57.75
居(村)民文化组织	85.26	42.19	67.76
社区(村)医院/医疗服务站/卫生室/诊所	83.53	90.46	86.34

3. 社区医疗机构服务提供情况

社区医疗机构是为老年人提供医疗和康复护理服务的基础。根据被调查老年人对社区医疗机构服务的需要和使用情况分析结果见表7.3，其中农村老年人对上门护理、上门看病、康复治疗的需求率（22.07%，27.49%，19.74%）分别是城市老年人（11.14%，12.89%，10.60%）的两倍左右。进一步结合老年人在过去一年中的使用情况来看，他们对这些服务的总体使用率偏低，但农村老年人上门护理与上门看病的使用率（2.19%，6.01%）高于城市老年人（1.80%，2.70%），康复治疗的使用率城乡一致（1.34%）。对于这三项服务的满意度，农村老年人对上门护理与上门看病的满意比例（78.26%，75.08%）高于城市老年人（74.75%，67.09%），而城市老年人对康复护理的满意比例（72.73%）高于农村老年人（63.89%）。数据结果表明我国老年人对社区医疗中的上门护理、看病等服务获得程度还很低，远低于老年人的需求程度。因此，一方面既要注重规模建设并提高老年人的可获得性，另一方面还应当注重服务对于老年人的实用性和针对性，提高服务使用满意度，使社区医疗服务真正能够在老年人的照料护理中发挥有效作用。

表7.3 老年人对社区医疗机构服务的需求与使用情况（%）

	城市	农村	总计
需要情况			
上门护理	11.14	22.07	16.28
上门看病	12.89	27.49	19.76
康复治疗	10.60	19.74	14.90
过去12个月的使用情况			
上门护理	1.80	2.19	1.98
上门看病	2.70	6.01	4.26
康复治疗	1.34	1.34	1.34

续表

	城市	农村	总计
满意度（满意的比例）			
上门护理	74.75	78.26	76.64
上门看病	67.09	75.08	72.38
康复治疗	72.73	63.89	68.46

4. 社会养老服务的使用状况与购买意愿

对于基本的社会养老服务项目，从目前老年人的使用情况来看城市老年人使用率较高的是上门探访（4.36%）、上门做家务（3.27%）、老年人服务热线（1.33%），而农村老年人使用率较高的是上门探访（2.46%），其他项目如老年饭桌或送饭、陪同看病等的使用率均低于1%。特别值得注意的是，陪同看病服务在农村和城市老年人中的需求比例都很高，但使用比例均较低，说明一些服务的提供与老年人的需求之间还存在很大的差距。进一步从老年人愿意花钱购买服务的意愿来看，老年人对各项服务均存在一定比例的购买意愿，尤其是对于上门做家务、陪同看病、老年饭桌、法律援助等服务，老年人付费服务的意愿均高于目前的使用率。

二、作为照料提供者的价值和贡献

1. 劳动参与

在传统观念中，老年人常常扮演被照顾者的角色，是需要赡养、照顾和帮助的对象。但现实却是除了一部分健康或经济状况不佳的老人确实需要得到他人的帮助外，很多老年人依然在以多种多样的形式做出贡献，他们是社会和家庭发展过程中不可忽视的重要资源。1955年美国国家健康研究所在对健康的研究中，发现健康与生产能力（Productivity）有一定的关系，健康能够为老年人的生产能力提供支持,生产能力也能提升健康水平。1982年一些老年学家、老年医学家、老年心理学家提出了 Productive aging 的概念,开始探讨老年人怎样继续为社会做出贡献。1982年 Robert Butler 提出我们怎样才能把注意力从老年人的依赖上转移到老年人的生产能力上? 我们应从一个更积极的观点去看待老龄化,并强调在社会中老年人也有生产潜力(Butler&Gleason,1985)[1]。老年人的老有所为活动主要指那些能够以经济价值量化的活动,主要包括就业、照顾他人、志愿服务、教育和能力提升(Caro等,1993)[2],还有学者认为各种非正式的帮助他人、民主参与或政治参与、持续学习、自己能尽力而为的活如室内活动、房子维修、自我照顾都是老有所为活动(南希·莫罗-豪厄尔,2011)[3],而对于中国老年人更集中地体现为劳动就业、照顾他人、志愿服务、教育和能力提升(孙鹃娟等,2014)[4]。结合农村老年人的特点,其老有所为活动主要以劳动就业、照顾他人为主。

在2014年被调查的农村老年人中,36.4%的老年人调查时还从事有收入的劳动/工作,比例远高于城市老年人。过去12个月帮子女照看孙子女(外孙子女)的农村老人达41.45%,帮子女做家务的老人比例为39.76%;甚至在过去一个月中,农村6.62%的老人还在照顾他们自己的或配偶的父母;还有22.51%的老人在过去三个月参与过志愿或义务活动。有些老年人同时参与了多种类型的上述活动。

在实行新型农村养老保险制度以前,绝大多数农村老年人没有可靠的退休金或养老金,继续劳动是获得经济保障主要途径,这是

---

[1] Butler, R. N., & Gleason, H. P. 1985, Productive aging. New York: Springer.

[2] Caro F. G., Bass S. A., Chen Y. P., (Eds). Introduction: Achieving a productive aging society. Westport, CT: Auburn House. 1993.

[3] 南希·莫罗-豪厄尔. 老有所为老龄化:理论与应用视角[J]. 人口与发展,2011(6):44-45.

[4] 孙鹃娟,梅陈玉婵,陈华娟. 老年学与老有所为[M]. 北京:中国人民大学出版社,2014:35-36.

农村老年人在业率长期远高于城市老人的主要动因。一般来说,农村老年人是否继续从事生产劳动主要受人口因素、经济因素、家庭因素的影响作用。在人口因素中,对分城乡中国老年人经济行为的研究发现,中国农村老年人的年龄与劳动参与成负相关,年长的老年人比年轻的老年人的劳动参与率低、男性老年人比女性老年人较倾向于持续劳动、身体状况不佳的老年人工作的可能性较低(Pang, et al., 2004)❶。在经济因素中,由于农村老年人的其他收入来源途径和水平都有限,养老金、财产性收入在他们的收入来源中份额不大,除了家庭成员供养外,继续劳动成为很多农村老人的必然选择。

此外,子女也是影响农村老年人劳动参与的重要因素。除了子女数量越多,老年人参与劳动的可能性越小外,有研究发现中国农村老年人与已婚子女共同居住的老年人较不倾向于参与劳动,而且子女的经济支持与劳动参与成负相关(Pang, 2004)。20世纪90年代以来随着中国农村中青壮年劳动力大量到城市打工,中青年一代作为主要农业劳动生产力,其外流会导致农业劳动力数量的减少,老年人必然成为农村中的主要劳动力,他们在生产劳动方面的负担大大加重。在一些有大量外出人口的农村地区,主要农业生产者的角色实际上由过去的中青年男性转变为老人和妇女。对于年老体衰的老人来说,承担沉重的农业劳动是一个很大的压力。根据中国人民大学开展的"劳动力外出过程中中国农村老年人照料问题"调查,与非留守老人(即没有子女外出务工的老人)相比,留守农村的老人劳动负担感觉更重,认为生产劳动负担很重的高于非留守老人近15个百分点。与子女外出前相比,留守老人感到农业劳动负担加重的占46.2%,认为减轻了的只有9.6%(孙鹃娟,2014)❷。

---

❶ Pang, L., de Brauw, A. and Rozelle, S., 2004. Working until you drop: the elderly of rural China. The China Journal, 52: 73 - 94.

❷ 孙鹃娟. 河南、贵州农村老年人的主观生活评价和养老观念[J]. 中国老年学杂志, 2014 (6).

在家务劳动和照料孙辈的劳动负担方面，我们也把留守老人与非留守老人进行了对比，留守老年人认为家务劳动、照顾孙辈负担很重的分别为 37.99% 和 19.96%，与非留守老人相比，留守老人的劳动负担都更重。

2. 隔代家庭与祖父母照料者

四十多年前，西方的家庭主义者开始注意到家庭形式的变化问题，认为虽然由父亲、母亲和未成年子女组成的核心家庭是后现代家庭的主要形式，但家庭形式必将更自由、更多元化。隔代家庭、独居家庭、空巢家庭、单亲家庭、由同性组成的家庭等将日益突显（Cheal，1993）❶。在这些家庭形式中，隔代家庭由于对老年一代和青少年、儿童一代都产生影响而备受关注。事实上，隔代家庭只是祖父母照顾孙子女的一种集中体现，在现实中由祖父母部分或完全照顾孙子女的行为大量存在。

照顾孙子女是一种体现老年人价值和作用的重要方式。从世界范围来看，在传统社会中，祖父母特别是扩展家庭中的祖父母拥有较高的地位，在抚养未成年人等主要家庭功能中发挥了重要贡献，即使是在现代社会中，在一些传统文化为主导的地区，祖父母在家庭中的这些特点依然鲜明（Baker, Silverstein & Putney, 2008）❷。我国老年人照顾孙子女的情况非常普遍，在社会迅速转型的背景下随着频繁的人口流动迁移、老年父母与子女之间的居住分离、女性劳动就业比例的提高等，在很多家庭中照顾未成年孩子的职责往往由祖父母完全或部分承担。在农村，大规模中青年劳动力由乡到城的流动强化了农村中祖父母照顾儿童的角色和作用；在城市地区，

---

❶ Cheal, D, 1993. Unity and Difference in Postmodern Families. Journal of Family Issues, 14: 5 – 19.
❷ Baker, L. A., Silverstein, M., & Putney, N. M. 2008. Grandparents Raising Grandchildren in the United States: Changing Family Forms, Stagnant Social Policies. Journal of Social Policy, 7: 53 – 69.

大量的妇女参与社会劳动，结构性的制约及社会支持的不足增加了工作与家庭之间的矛盾，使来自祖父母的帮助越发重要（杨菊华、李路路，2009）❶。

随着现代社会组织机构和社会福利制度的完善，家庭中祖父母作为照顾者的角色本应随之弱化甚至消失，但现代生产方式、生活方式、文化观念等的转变也使得家庭中中青年一代在承担育幼和养老的角色方面不可避免地面临弱化的趋势，使得老年人在帮助照顾孙辈方面仍然有其突出的价值。对于家庭来说，这种照顾行为在经济上节约了雇佣相应劳动力的费用，大大节省家庭在未成年人照料方面的开支，缓解了中青年一代在照顾孩子方面的压力，解决家庭后顾之忧，使他们有更多的时间和精力投入工作中，有助于提高中青年劳动力特别是女性劳动力的就业和劳动参与，从而提高家庭的经济收益。对于社会来说，由祖父母来照顾孙子女能够充分利用老年人的人力资源，有助于节约社会用于未成年人特别是婴幼儿、低龄儿童的人力物力等各方面的投入，节约了大量的照顾和教育资本。

虽然同样是照顾孙子女，但与孙子女同吃同住的老人通常要比祖孙两代分开居住的老人承担更多的照顾责任。仅由祖父母和孙子女组成的隔代家庭（skipped generation family）是一种十分独特的家庭类型。在隔代家庭中，由于中青年父母一代的缺失而使得祖父母成为照管孙辈的主导角色。隔代家庭中的祖父母不但要负责照顾孙子女的日常生活，还承担着其教育的重要职责，在经济、时间、精力上都需要巨大的付出，隔代家庭中的老年人应当得到更多的关注。我国两亿多流动人口的主体是15~45岁的农村青壮年劳动力。由于户籍限制，这些流动人口的子女很难在城市获得稳定可靠的教育和医疗等公共服务和福利，而流动人口工作、居住的不稳定性也

---

❶ 杨菊华，李路路. 代际互动与家庭凝聚力——东亚国家和地区比较研究[J]. 社会学研究，2009（3）：26–53.

使他们中的很多人不得不把子女留在农村老家,因此,农村劳动力的外流造成了许多农村孩子短期或长期失去了直接监护人,造成农村中祖父母照顾孙子女的行为不仅非常普遍,这些老年人所面临的照顾责任和负担也比城市老年人更重。2014年中国老年社会追踪调查获得的农村老年人有效样本中,仅与孙辈隔代居住的农村老年人为413人,占7.6%。关于照料孙辈的频度,2014年调查得到的结果是,在过去12个月,农村老人照看这些(外)孙子女所花的时间分布是:每天从早到晚6.5%、每天有段时间为6.2%、每周至少一次4.0%、每月几次3.2%、大约每月一次3.5%。

2005年全国1%人口抽样调查结果显示农村0~17岁留守儿童的规模达到5861万人,他们中的多数由祖父母照管,在农村留守儿童的家庭结构类型中,仅与祖父母一起的隔代家庭中的儿童占了25.56%,另外还有15.03%的留守儿童与祖父母或父母一方一起生活,也就是说有超过40%的农村留守儿童不同程度地由祖父母照顾(段成荣、杨舸,2008)❶。成年子女外出显著增加了农村老年人照顾孙辈的负担,例如2008年在帮助子女照看孩子的农村留守老人中,27%的老人只能勉强胜任目前所照看的孩子,5.7%的老人认为自己的身体不能够胜任目前所照看的孩子,特别是在仅由老年人单独照顾孙子女的隔代家庭中,老年人感到在成年子女外出后照顾孩子等家务劳动负担加重的占44.4%(孙鹃娟,2010)❷,因此如果照顾责任主要由祖父母承担则可能会对老年人的身体造成压力。留守在农村的老年人通过照顾孙子女为成年子女的迁移流动付出了代价和成本,并由此面临着经济、健康、劳动等多重压力,所以关爱农村隔代家庭、留守家庭中的老年人,给他们提供必要的支持和帮助,是体现代际公平、解决农村老年人现实困难的迫切要求。

---

❶ 段成荣,杨舸. 我国农村留守儿童状况研究 [J]. 人口研究,2008(5):17-23.

❷ 孙鹃娟. 成年子女外出状况及对农村家庭代际关系的影响 [J]. 人口学刊,2010(1):28-33.

三、从角色变迁看农村老年人家庭支持策略

照顾者与被照顾者的角色通常不会同时鲜明地体现在同一个体中，但如果从群体的视角，则农村老年群体的两种角色均很突出。

结合上一章的分析可知，对于处于健康弱势的农村老年群体来说，对照料的现实需求或潜在需求的可能性很高，能否得到照料以及照料质量如何是影响老年人生活质量的重要因素。总的来说，影响老年人照料资源的因素主要有（1）人口学因素（包括子女数量、婚姻状况、居住方式等）；（2）经济因素（包括宏观社会经济因素、微观家庭经济因素以及老年人个人经济因素等）；（3）文化、制度因素（包括相关政策安排、人们的观念等）。基于以上三个基本判断，城镇化会对老年人照料的获得产生如下影响：与传统的照料相比，生育水平下降、城镇化使能够照料农村父母的子女数量减少。我国农村地区累计已有3000多万户独生子女户，加之子女的大量外流更使得老年人户居方式向单身化、夫妻化、隔代化趋势发展，家庭照料关系中提供者与接受者空间上的分离大大增加了老年人照料难度。但老年人照料体系不仅依赖于家庭照料网络，还必须依赖社会网络。尽管从调查结果来看现有的农村社会照料服务资源有效供给远远不足，表现为例如农村的托老所、日间照料中心、养/敬老院拥有程度低，精神文化生活方面的服务设施、组织也很匮乏，老年人所获得的某些社区医疗服务与其需求之间的差距尤其大，但加快、加强农村社会照料体系建设不但有其必要性，更有其合理性和可行性。微观上子女外流改善了农村家庭经济，可间接弥补子女直接照料功能的不足；宏观上劳动力外流对宏观社会经济的贡献有助于社会为农村老年人提供照料的网络构建。

本章也对农村老年人的劳动参与和照料提供者角色进行了分

析。很多长者不但通过继续从事生产劳动尽量保持经济独立，还为家庭成员提供照料孙辈等支持。根据家庭利益最大化原则，在中国家庭内部，各代人之间的利益紧密关联，甚至会为了家庭成员不惜自己利益受损，产生"利他"的行为。家庭利益最大化原则是指导家庭成员责任分工的重要原则（孙鹃娟，2014）[1]。子女的迁移流动行为取决于他们和父母等家庭成员的共同决策，只有当迁移流动在总体上有助于提高家庭成员的福利时迁移流动才会发生；而在成年子女外出后，遗留的若干事务则由留守的老人等来承担，如照看孙子女、农业劳动，等等。本章的研究也表明，农村老人对外出子女在照看孙子女、干农活、做家务方面的帮助要远高于对未外出子女的帮助。尽管老年父母为子女外出付出了劳动、时间、精力甚至经济代价，但考虑到迁移行为有利于增进家庭经济收益，有助于子女一代、孙子女一代的发展，因而很多农村留守老人依然甘于付出。成年子女离开农村到城市工作、老年父母留在农村看管余留事务的方式是能够使家庭成员总体利益最大化的方案。因此只要存在着城乡劳动力收入和就业机会的差距，劳动力由农村向城镇的转移就将持续存在，各种农村留守人口问题也将较长时期地存在。

鉴于对农村家庭变迁与老年群体双重角色的认识，以家庭为核心实施家庭支持策略有助于农村老龄问题的应对。包括在养老服务体系建设中不仅要注重规模建设和推进服务的均等化程度，还应重视老年人家庭照料服务的供需对接，从重视老年人个体的需求转向家庭的需求，社区养老服务着重于弥补家庭照料功能的不足，因此，为照料老年人的家庭成员提供经济补贴、喘息服务、精神关怀才能使有限的家庭照料资源可持续发展。

在社会保障体系和养老育幼功能尚不够健全的前提下，农村隔

---

[1] 孙鹃娟. 家庭利益最大化：认识农村留守老人问题的根本［N］. 中国社会科学报，2014-07-25.

代家庭老年人承担照料孙辈主要职责的情况还将大量存在，这有助于弥补社会和家庭育幼功能的不足，也是城镇化进程中的一种成本和代价。如何使老年人继续乐于扮演照顾者角色的同时获得必要的支持是维系家庭照料良性发展的一个重点。2016年5月习近平总书记于在中共中央政治局第三十二次集体学习时强调要积极看待老龄社会，积极看待老年人和老年生活，老年仍是可以有作为、有进步、有快乐的重要人生阶段。推动老年人参与家庭和社会发展是我国积极应对人口老龄化的必然选择，2017年颁布的《"十三五"国家老龄事业发展和养老体系建设规划》也专门提出要发挥老年人的正能量，作出新贡献，这既有助于家庭与社会和谐发展，也有利于老年人的身心健康和价值实现。

但长期以来，在我国被照顾者受到关注，而提供照顾的人却常常被忽略，大量的老年照顾提供者未能得到必要的经济补助和各种支持。要使老年照顾者能够持续地照料家人同时又不因为照顾产生压力，需要家庭成员、社区和社会各领域的人士通过各种政策、项目来支持和关心他们。目前已经有一些国家针对老年照顾者开展了卓有成效的政策和项目，这些经济补贴、喘息服务、员工支持等政策和项目对照顾家人的老人发挥了重要作用。如在政策方面，国际上普遍的趋势是鼓励和支持祖父母照顾的政策越来越多，例如美国儿童福利政策明确指出家庭外的未成年人照顾必须尽可能地贴近家庭和社区，并鼓励亲属尽量补充国家照顾的不足，承担起未成年人的照顾责任。1979年美国高等法院扩大了对亲属照顾未成年人的家庭进行经济补贴和服务帮助的权利范围，虽然对这种家庭的支持程度还低于正式收养家庭，但由于不断加强对祖父母照顾孙子女的倡导，在美国很多个州对祖父母照顾孙子女的支持已经达到中等监护支持水平（Burnette，Sun& Sun，2012）[1]。中国也迫切需要决策

---

[1] Burnette, D, Sun JJ& Sun F. 2012. A Comparative Review of Grandparent Care of Children in the U. S. and China. Ageing International 10.

者、研究者、老龄工作者等设计更有效的政策和项目来支持老年照顾者。必要的社会支持才能巩固和维系老年人在家庭中的重要作用，这不但能够体现老年人的自我价值、实现老有所为，对于社会来说也能更好地利用老年人力资源、应对人口老龄化带来的劳动力资源缩水、缓解老年赡养负担。

第八章 城市"外来者"的家庭及养老问题
——以北京为例

流动人口是我国工业化、城市化进程中一支庞大的劳动力大军,其中从农村流动到城市的"农民工"群体为改革开放以来中国经济发展起到了主要的积累和推动作用,但他们从"离土不离乡""离土又离乡"到真正彻底转变为城市市民的过程却漫长而又艰辛。从 20 世纪 80 年代初至今我国的农村人口外出务工潮已经近四年,经历了从父代到子代的代际转换和变迁,有的已经在城市劳动生活多年,他们用低廉的劳动力为中国的经济积累立下汗马功劳。但我国特有的城乡分治的户籍制度使农民工虽然生活在城市,很多与户口相关联的福利服务却受到农民身份的制约,难以在城市获得与本地市民同等的待遇,他们在身份认同、社会保障、社会融入、公共服务等很多方面既与农村老家、农民身份渐行渐远,又难以转变为真正意义上的城市居民。他们对于去留的选择既是农民工自身面临的现实问题,也是政府高度关注的重点。2014 年 9 月国务院在《关于进一步做好为农民工服务工作的意见》中提出要有序推进农民工市民化、着力推动农民工逐步实现平等享受城镇基本公共服务和在城镇落户。促进有条件有意愿、在城镇有稳定就业和住所(含租赁)的农民工及其随迁家属在城镇有序落户并依法平等享受城镇公共服务。

我国流动人口数量已由 1982 年的 687 万迅速增长到 2016 年的 2.45 亿,其中近 80% 是农村户籍流动人口。流动人口流量、流向、结构和群体利益诉求都在发生深刻变化,基于现行户籍制度的中国城市人口管理正在面临前所未有的挑战。挑战者是以农村剩余劳动力为主力、主要集中在城市建筑、制造和服务行业从事低收入体力劳动、工作地点和居住地点频繁变动的、规模不断膨胀的流动人口(原新,2007;王春光,2006)❶❷。然而当前的农民工队伍已经不再是一个高度同质性的群体,青年农民工与其父母辈相比,有着许多本质上的差异。他们一方面面临父母的养老问题,另一方面为自身的养老未雨绸缪,尤其是年长的农民工更是面临在哪里养老的现实问题。本章从流动人口、农民工的个体、家庭特征入手,以2015年流动人口监测调查数据为基础,探讨其老年父母当前的居住地及相关的养老问题,并着重考察一个有着潜在重要价值却又容易在研究中被忽视的问题,即这些农民工未来何去何从的问题。

作为离开农村来到城市的农民工,通过劳动就业来谋生和提高生活水平无疑是他们外出的根本原因。对于他们中的很多人来说,一方面,随着在外劳动工作时间越来越长,对城市生活的适应和认同感在逐渐增强,反过来对农村老家的依赖和留恋在逐渐淡化。但另一方面,由于城市中依然存在的各种障碍以及他们对城市认同感尚未完全确定,他们成了一个更具不确定性、更缺乏社会归属的乡城迁移群体,他们是不完全城市化的主要人群。因而对今后在何地居住生活的打算成为焦点问题。

一、"外来"流动人口是谁?

谈及养老,人们往往直接想到的是这是如何赡养父母一代的问题,但从老年学的角度看,老化过程贯穿于人的一生,自我的老龄

---

❶ 原新,万能. 流动人口、非正规就业与大城市发展 [J]. 中国地质大学学报 (社会科学版). 2007 (5): 28-33.

❷ 王春光. 我国城市就业制度对进城农村流动人口生存和发展的影响 [J]. 浙江大学学报(人文社会科学版), 2006 (9).

化及相应的养老问题也不能忽视。在城镇化过程中,对于户籍仍归属于农村的人来说,可划分为两大类。一类为仍留在农村的群体,主要是留守老年人、儿童、在农村继续劳动就业的中青年人;另一类则是大量到外地(主要是城镇地区)去工作生活的群体。他们是受城镇化、人口流动影响最为直接的人群。留守老年人的养老问题本书已另辟章节,而本部分着力于聚焦农民工这个户籍制度下特有的对象来探讨他们的家庭及自身的养老问题。

1. 几个概念

流动人口、农民工、外来人口、非户籍人口……这些称谓在中国已经耳熟能详,因为流动人口几乎遍及每一个城市。虽然在一些城市中近几年为了控制人口的总量规模使得外来人口的数量增长减速甚至负增长,但总体上流动人口的数量基本是随着改革开放的步伐在滚雪球似地膨胀。由于理解和使用范围的不同,学术界、政府部门以及社会公众对与流动人口有关的概念和口径有着不同的认识,由这些定义而衍生了多种术语,如永久性迁移、暂时性迁移、计划迁移、自发迁移、户口迁移、非户口迁移,等等❶。其中,迁移人口和流动人口、流动人口与农民工这两类概念被混用得最多。在国际上,一般把人口迁移定义为人口在空间上的位置变动。联合国《多种语言人口学辞典》将人口迁移定义为"人口在两个地理单元之间的空间移动,通常会涉及居住地的永久性变化"(UN,1958)❷。发生人口迁移活动的人则是迁移人口。

在我国,由于户籍制度的存在,常常把人们的地区移动或者空间移动区分为人口迁移和人口流动两种。根据有无发生户籍的变动,将发生迁移和流动行为的人分别称为迁移人口和流

---

❶ 孙福滨,李怀祖. 中国人口迁移和人口流动的分类界定[J]. 西安交通大学学报(社会科学版),2000(3).

❷ 翟振武,段成荣,等. 跨世纪的中国人口迁移与流动[M]. 北京:中国人口出版社,2006:31.

动人口❶。其中人口流动是指人们超过一定时间长度、跨越一定空间范围、没有相应户口变动的空间位移过程,并在一定时间内往返于居住地与户口所在地之间的人口移动。发生这种人口流动过程的人口即为流动人口。

而"农民工"这个概念最早出现在 1991 年国务院发布的《全民所有制企业招用农民合同制工人的规定》中,该规定对农民工进行了界定,农民工即农民合同制工人。经过不断演变发展的过程后,在十六届三中全会上把"农民工"写入了中共中央正式文件,这是对进城农民的正式称谓。由于过去流动人口中绝大部分是农民工,这两个概念也常被混用。现在的农民工尤其是新生代农民工大多数已经脱离土地,常年生活在城市,离开了自己原来的原籍地,但由于中国特有的城乡分治的户籍制度,他们的户口仍然在农村,户口与常住地的不一致使得他们在社会保障、福利待遇、公共服务等很多方面都具有不同于当地居民又异于户籍所在地居民的特征。特别是与常住地居民相比,农民工所具备的独特的社会性特点不仅体现在生活工作中的若干差异上,在城乡打破隔离但又尚未完全融合的过程中,他们成为了一个日渐庞大的、既不同于农村人又不同于城市人、具有鲜明社会特征的又一类人群。

2. 流动人口特征描述

如果把 20 世纪 80 年代开始走出农村到沿海地区打工的劳动力称为第一代农民工的话,那么现在的农民工主体应该是第一代农民工的子女,即第二代农民工或新生代农民工。即使同样被称为农民工,他们作为一个个活生生的个体,社会的飞速发展已然给他们带来若干直接或间接影响。生命历程理论把社会结构看作是角色构成的一个结构,而生命历程就是角色转变的结果。它强调社会结构和

---

❶ 段成荣,孙玉晶. 我国流动人口统计口径的历史变动 [J]. 人口研究,2006, 30 (4): 70–76.

个人选择在时间作用下的相互影响（李强，1999）[1]。在生命历程的分析框架中，除了关注整个生命历程中年龄的社会意义外，还研究社会模式的代际传递，以及宏观事件和结构特征对个人生命史的影响。既然社会经济背景已经发生了巨大转变，这些城市的"外来者"们是否还与过去一样？他们具有怎样的群体特征？对这个问题的认识应当是了解他们的家庭问题、养老问题的基础。

对此我们将以北京市为例，反映流动人口的群体特征及相关问题。北京市作为特大型人口城市，也是吸纳大量流动人口的主要流入地，常住外来人口的数量很大，例如2014年北京市常住人口达到2151.6万人，其中，常住外来人口818.7万人，占常住人口的38.1%。根据2015年北京市流动人口卫生计生动态监测调查数据[2]，流动人口总体上呈现如下特征：

（1）新生代已成为绝对主体，流动人口内部年龄结构呈上升趋势。

2015年在京流动人口的平均年龄为36.9岁，年龄构成以中青年人口为主体，20~39岁占63.9%，40岁以上占34.5%，20岁以下占1.6%。其中30~34岁年龄组的流动人口比例最高，为22.5%，其次是25~29岁和35~39岁年龄组，分别占18.2%、17.0%。60岁及以上的老年流动人口占到4.3%。与2014年调查数据比较（见图8.1），2015年北京流动人口的平均年龄提高了3.0岁。在各年龄段人口构成中，2015年35岁以下各年龄段流动人口的比例均下降，而35岁以上各年龄段人口比例均上升。

出生于1980年及以后的流动人口通常被称为"新生代"流动人口，在2015年调查中即35岁及以下流动人口。2015年北京市新生代流动人口达到52.3%，是流动人口中的主力军。从人的生命历

---

[1] 李强. 生命的历程 [M]. 杭州：浙江人民出版社，1999.
[2] 本次调查对象为在北京市居住一个月及以上，非北京市户口的2015年5月年龄为15周岁及以上的流动人口。通过分层、多阶段、与规模成比例的PPS抽样方法，调查涵盖了北京市的14个区和2个县，样本总量为8000人。

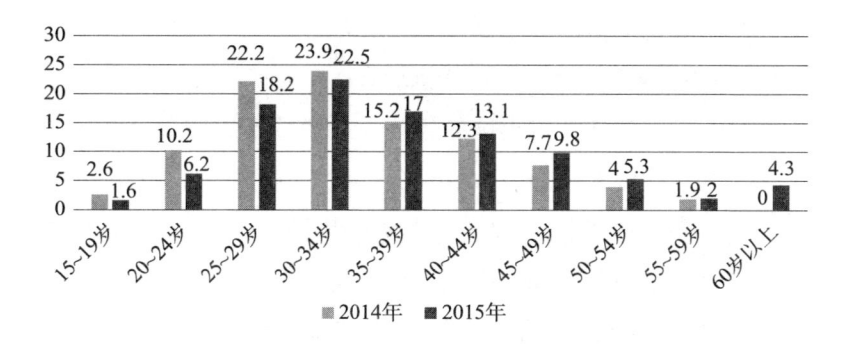

图8.1 2014年、2015年北京市流动人口年龄结构（%）

程来看，他们正处于就业、结婚、成家、生育的高峰年龄，必然对就业、生育、居住乃至子女教育等方面的公共服务有很大需求。从社会认同来看，与第一代农民工不同，他们对农村的依赖已没有那样强烈，而对城市又尚未形成有力的社会认同，因此有学者认为新生代农民工是更缺乏社会归属感的乡城迁移群体，是半城市化的主要人群。随着新生代农民工逐渐成为农民工群体的主体，他们对城市的认同和居留意愿也在发生改变。新生代和第二代农民工具有越来越强烈的市民化和城市化倾向，他们更希望获得城市居民的地位和身份，享受市民权利（张航空，2014）❶。

（2）受教育程度以初高中为主，但大学专科以上者已超过30%。

受教育程度往往是衡量人们经济收入、社会地位甚至需求和期望的重要影响因素。一般来说，受教育程度越高对就业、收入、权利、地位等多方面的期望也越高。2015年北京市流动人口的受教育程度以初高中为主，分别为39.0%和21.7%，二者占到了总体流动人口的六成。小学及以下的占8.7%，大学专科及以上的占30.6%。但农业户口的流动人口受教育程度相对较低，初中及以下的占65.6%，但其余三分之一左右的人受过高中甚至以上教育，受

---

❶ 张航空. 梯次流动对流动人口居留意愿的影响［J］. 人口与发展, 2014（3）: 18-23.

教育水平明显比他们的父辈高。

（3）群体内部的就业身份逐渐分化。

通过改变常住地获得更高的经济收入无疑是人们流动的首要原因。此次调查发现被调查2015年在京流动人口的就业率为86.3%，其余13.7%的未就业流动人口未就业原因主要为：因料理家务或带孩子而未就业占到了所有原因的40.5%，退休为21.4%，失去原工作为10.9%，怀孕或哺乳为8.5%，没找到工作为7.4%等。可见料理家务、照顾孩子、怀孕哺乳这些与家庭事务有关的原因是导致流动人口未就业的主要原因。高就业率反映出北京对流动人口、农民工依然有庞大需求，除非因为生育、照顾孩子等原因，农民工在就业市场上比较容易找到工作。

这些外来流动人口所从事的行业主要集中在第三产业，占83.2%，从事第一产业和第二产业的仅分别为0.9%、15.9%。在所有行业类型中，批发零售的流动人口比例最高，达22.5%，其次是居民服务、修理和其他服务业，占19.7%，第三位是住宿餐饮业，占11.4%。户籍造成的职业分化十分明显，与非农业户口的流动人口相比，农业户口流动人口从事商业、服务业的比例更高，而专业技术人员比例更低。高达72%的农业户籍流动人口为商业、服务业人员，而非农业户口的流动人口中近三成（29.7%）是专业技术人员。与老一代流动人口相比，新生代流动人口中专业技术人员的比例明显较高，表明随着年轻一代流动人口受教育程度的提高其所从事职业的专业技术性也相应提升。

值得注意的是，流动人口的就业身份已不单纯是人们印象中的打工者，北京市流动人口有65.6%的人属于雇员身份，其次是自营劳动者，占总人数的23.3%，而雇主仅占9.7%，其他就业身份仅占1.4%。对2013年、2014年相关数据结果进行比较，发现与前两年相比流动人口中雇员的比例有所下降，而雇主、自营劳动者的比例有所上升。特别是从2014年到2015年，流动人口中雇员比例的下降和自营劳动者比例的上升尤为明显。他们的就业身份正从最初的打工仔身份逐渐转变为自营劳动者或雇主。一般来说，就业身份的转变是引发群体收入差距和阶层分化等的重要因素。

（4）经济收入的内部差异显著。

2015年北京市流动人口个人平均月收入为5982.11元，中位数为4000元。收入在2001~4000元的流动人口比例为40.4%，4001~6000元的为23.8%，高于6000元的比例达到了26%，而低于2000元的比例仅为9.7%。

调查结果显示，不同类别流动人口的平均月收入差异明显（见表8.1）。就户口性质而言，农业户口流动人口平均月收入为4802元，非农业户籍流动人口平均月收入为8395元，是前者的1.7倍，二者差距较大。国家机关、企业单位负责人的平均月收入最高，达到12465元；第二位和第三位分别为专业技术人员（7841元）和公务员、办事人员（7518元）；而大量从事商业、服务业的流动人口平均月收入为5568元。农林牧渔、水利业生产人员、生产运输建筑设备操作人员的月收入相对较低。

表8.1　北京市不同类别流动人口的平均月收入

类别		平均月收入（元）
性别	男	6507
	女	5313
户口性质	农业	4802
	非农业	8395
受教育程度	高中及以下	4713
	大专及以上	8811
职业类别	国家机关、党群组织、企事业单位负责人	12465
	专业技术人员	7841
	公务员、办事人员及有关人员	7518
	商业及服务业	5568
	农、林、渔、牧及水利业	3300
	生产、运输、建筑人员	4812
	无固定职业	4408
	其他	6815

再进一步比较2013—2015年不同职业农民工的平均月收入。除无固定职业者外，其他各类职业农民工的月收入都明显增长，但各种职业农民工群体的收入水平不仅依旧远低于整体流动人口的收入水平，增幅也小于总体流动人口水平。

（5）在京居住时间的长期化加剧了利益诉求。

流动人口在城市居住的时间长短不但反映了他们在城市是否有较为稳定、持续的工作、收入和居所，也是他们能否获得有关社会保障和福利的重要参考指标，例如北京市针对非户籍人口在购房方面要求须纳税满5年及以上可以购买一套住房；而在购车方面则要求外来人口满足以下两个条件之一：一是持有有效的《北京市工作居住证》；二是持有北京市有效暂住证且连续5年（含）以上在北京市缴纳社会保险和个人所得税的非北京市户籍人员。如果按照本次流入本地的时间作为流动人口最近一次来到北京的起始时间，那到2015年北京市流动人口在京居住平均时间为6.3年。在北京居住时间为1年以下的占14.2%，1～3年的为22.7%，3～5年的为13.6%，5年以上的达到49.4%。而已在京居住十年以上的已占五分之一（20.5%）。流动人口在北京居住的长期化趋势比较明显。与2014年相比，2015年在京居住时间超过5年的比例上升了8.2个百分点，而不足一年的比例则下降了4.1个百分点。

也就是说如果仅从居住时间来看，流动人口平均已超过五年。由于北京市对外来常住人口的界定是在京居住半年及以上、非北京市户籍的人口，因此那些居住满一年及以上的人必然应被纳入统计范围。已经有超过六成的外来人口在北京工作生活了三年以及更长的时间，随着他们工作、居住的稳定和对北京生活环境的适应，他们已成为较为稳定的常住外来人口。

由于流动性强、常变换居住地，因而人们习惯用流动人口来泛指这些没有居住地户籍的外来者。但调查数据已经表明当前流动人口在流入地居住的长期化趋势十分显著。这种在迁入地居住的长期化符合国际上移民的普遍规律，即他们在完成了迁移流动、初步适应、家庭成员随迁之后，如果改变现在的居住地会面临更大的风险和成本，因而他们对当前居住地的进一步融合与适应就显得更加迫切（朱杰，2008）❶。对迁入地的逐渐适应以及建立起来的社会网络使他们更容易在熟悉的这个城市工作生活，而家庭化趋势又必然加剧他们对子女教育、家庭福利服务等公共服务和社会保障的需求，从而加大对现居住地的各种利益诉求。

二、"外来者"的家庭

迁移者通常会经历从个人的外出谋生到家庭的整体迁移过程。我国人口大规模流动发展至今家庭化的趋势越来越明显。公共资源相对丰富、生活居住成本相对低廉的城市地区更是对迁移者及其家庭成员有巨大的吸引力和包容力。此次调查发现，绝大多数流动人口是与配偶、子女一同居住在北京。在有配偶的流动人口中，其配偶现居住在北京的占 93.8%，居住在户籍地的占 5.8%，还有 0.4% 的人居住其他地方，因此已婚有配偶的流动人口基本是与配偶一起居住在北京。而在流动人口的子女中，65.7% 的子女现居住在北京，32.7% 的子女居住在户籍地，还有 1.6% 的子女居住在其他地方。即大约三分之二的流动人口子女与其共同居住在北京，还有约三分之一的子女留在户籍所在地，即为所谓的农村"留守儿童"。由此可见，人口流动的家庭化趋势十分明显，流动人口的配偶、子女大多与其共同居住生活在北京。

走出农村到城镇的年轻劳动力一旦结婚成家，多数往往会携家带口到打工所在地居住，包括配偶、子女在内的核心家庭成员的整体流动已是事实。与配偶、子女这些核心家庭中的成员大量随迁行为相比，他们的父母、岳父母（公婆）在北京同住的只有 2.98%，

---

❶ 朱杰. 人口迁移理论综述及研究进展 [J]. 江苏城市规划，2008 (7)：40 - 44.

可见年长的农民工父母基本留在农村老家,从这个角度也反映出农村"留守老人"的普遍性。这一方面对流入地的教育资源、住房、环境、生态、公共服务等必然提出更高要求;另一方面,对于那些被"遗留"在农村的老年父母、儿童,他们现实的养老、照料、教育、心理等困难应该说是不完整的城镇化、人口流动引发的副效应。

迁移与流动使得家庭的经济收入增加,根据2015年的流动人口监测数据,北京市流动人口在过去一年家庭的平均月收入(税后)为9913.12元,家庭平均月总支出4683.63元,家庭平均月净收入为5229元。图8.2显示,流动人口家庭各级月收入水平的分布比较均衡。家庭收入在4000~6000元、10000元以上的比例最高,分别为25.4%和23.5%。

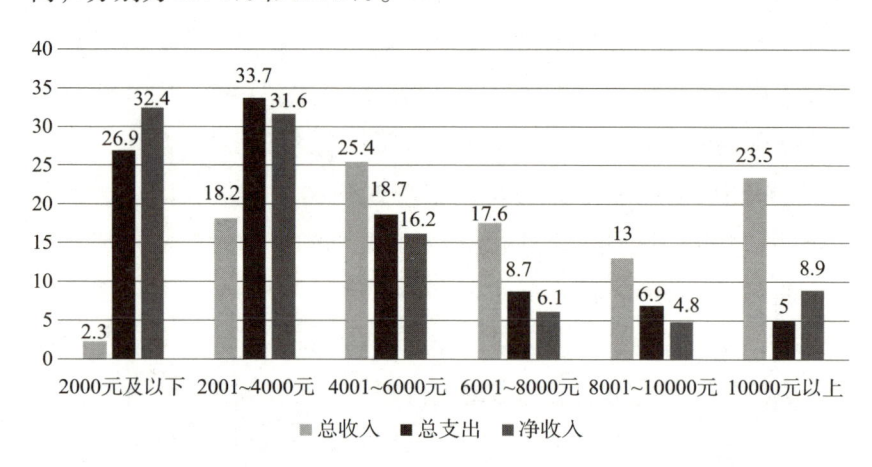

图8.2 北京市流动人口家庭月收支分布(%)

家庭月总支出则主要集中在4000元以下,60.6%的家庭每月支出在4000元以下。在家庭支出中,食品支出和住房支出❶所占的比重最大。2015年流动人口家庭月平均住房支出为1417元,月平均食品支出1613元,二者占北京流动人口家庭每月总支出的65%。恩格尔系数为0.3。但84.8%的流动人口家庭没有人得到就业单位

❶ 住房支出指在北京每个月的房租或者房贷费用。

（雇主）提供的包吃或者包住待遇，仅10%的家庭有1人、4.5%的家庭有2人由单位包吃或者包住。在有效样本中，单位每个月包吃所折算费用平均为629.3元，而包住平均每月折算费用为584元。

虽然城市特别是像北京这样的特大型城市已经承载了庞大的常住人口，但过去相对较低的生活成本依然吸引着包括农民工在内的外来人口在此长期居住，有调查发现如与河北、山东、河南等外来人口输出大省省会城市的生活成本相比，北京在一些基本食品如大米、猪肉等方面的价格均低于这些城市，且在交通、水电天然气等方面的价格也较低。如果仅从核心家庭即小家庭的经济福利来看，流动迁移能够提高收入和积累，从而改善其生活质量。

三、"外来者"的老年父母

随着大量人口的外出流动，流动人口父母在哪里养老？如何养老？谁来养老的一系列问题已成为现实问题。与核心家庭成员的家庭化流动不同，来自农村的流动人口很少携父母到城镇，在2015年被调查的北京市流动人口中，超过一半的流动人口有老年父母居住在老家，有60岁及以上的父母在老家居住的比例为52.3%，其中27.1%的人家里有一位老年人，72.9%的家里有两位老年人。对于有老年父母在老家的流动人口，他们中85.6%的人在老家有其他兄弟姐妹，还有14.4%的人没有兄弟姐妹在老家。父母生病需要照顾时，能回家照看父母的比例为78.1%，不能回去照顾的为5.0%，还有16.9%的人说不好是否能回去照顾。也就是说，现在这些在外打工生活的外出人口，虽然他们中超过一半者的父母已迈入老年且留在老家，但这些老年父母身边绝大多数（85.6%）尚有其他子女，而且在我国，人口的流动多以近距离或向周边的核心城市聚集为主，如北京的外来人口中，来自河北、河南、山东的分别达20.6%、14.9%、12.2%，合计几乎占到了北京市流动人口的一半。但对于中西部省区的农村外出人口而言，他们的流动往往是长距离跨省流动，能够常回家照看父母者的比例应更低。关于留守老年人的养老问题本书在其他章节给予涉及。

改革开放以来大规模的人口流动迁移已延续近四十年，流动人群的主体本身已由最初的第一代农民工转换为第二代甚至第三代农民工。流动迁移的模式也从最早的单身外出到家庭化尤其是核心家庭成员（配偶、子女）的迁移甚至定居。从家庭划分的角度来说，老年父母虽然也是直系家庭成员，但在子女成年特别是结婚成家后往往独立成为新的家庭单元，与老年父母在经济核算、居住空间、起居生活等方面通常有清晰的界限。因此若以外出打工者为观察核心，他们的父母并非小家庭的核心成员，而当属扩展家庭中的重要成员。

在我国，主要以血缘为纽带的扩展家庭成员之间的联系是异常紧密的。而社会转型时期，由于尚存在阻碍流动人口在迁入地的融入与平等，流动人口在城市的生活工作还有很多现实困难，如子女教育、居住、社会保障、福利服务获得等。为了家庭的整体福利，还有为数越来越多的老年人随子女来到城市，照顾孙辈和养老是这些老年人发生流动迁移行为的主要原因。如在2015年北京市流动人口卫生计生动态监测调查收集到的875位60岁及以上老年人的信息中，很多老人是因为要帮助照看孙子女来到北京，照顾孙辈占到了流动原因的36.2%；到北京养老的比例也比较高，占25.6%；还有部分老人是由于照顾子女和务工经商来京，比例分别为19.3%与13.7%；而来京治病的比例则是最低的，仅占进京原因的0.6%。

由于照顾孙子女成为老年人来到城市的一个重要原因，因此流动老年人大多为70岁以下的低龄老人，如北京市2015年被调查流动老人的平均年龄为66.4岁，60~64岁老年人的比重最高，达到了44.1%，其次是65~69岁的老年人，比例为31.4%，70岁以下老人占到75.5%。而70~79岁的比例为22.7%，80岁以及以上的

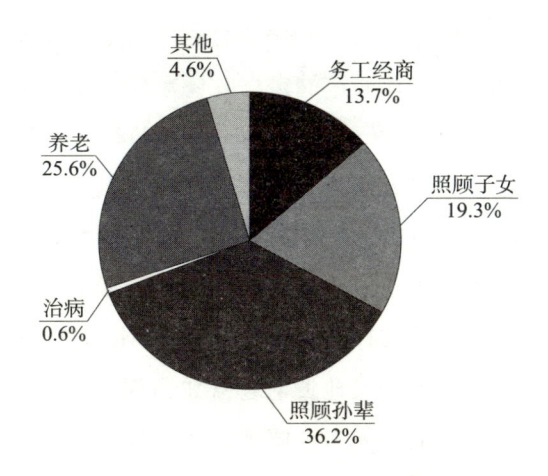

图 8.3　北京市老年流动人口的流动原因构成（%）

高龄老人仅为 1.8%。很明显，这些老人大多还在继续对家庭作贡献，但他们中有四分之一左右的人是为了养老或治病等原因而发生流动行为。可以预期的是，流动老年人的养老问题会由于流动人口自身的老龄化和城镇化步伐加快而进一步突显。

四、去还是留：未来在哪里养老？

按照人口迁移的一般规律，人们在完成迁移或流动行为后下一步面临的就是在迁入地的适应、融合进而长期居住的问题。农民工等流动人口的居住与社会融合问题已经成为当前流动人口研究中的焦点问题。但农民工融入流入地不是一朝一夕可以完成的，他们在这一过程中所遇到的障碍也不仅限于有形或无形的户籍墙，还要克服其自身人力资本、社会资本不足等方面的困难，农民工群体居留城市在意愿上的差异也必须引起重视（《人口研究》编辑部，2010）❶。由于个体主观因素的重要性，对于流动人口问题的认识需要从作为主体的流动者自身的意愿、态度去分析，应从农民工自

---

❶ 人口研究编辑部. 新生代农民工：特征、问题与对策 [J]. 人口研究，2010（2）.

身的角度去了解他们在流入地的居留意愿。有研究发现，以农民工为主体的乡城流动人口在城市的定居意愿和能力上也有着明显的分化（Zhu Yu, 2007）❶。流动人口的性别、婚姻、受教育状况、就业类型、家庭收入、户籍状况等都可能影响到其在流入地城市定居的意愿和能力（夏显力等，2012）❷。但是目前关于流动人口和农民工的居留意愿研究中，由于调查地不同，长期居留意愿有很大差别，有必要针对特定城市开展研究。

另一方面，能够在流入地长期居住并转变为本地居民既是外来者拥有良好适应性和融入能力的体现，也要求作为接纳者的城市具有相当的吸引力和包容性。博格、李等人提出的推拉理论对于人口流动产生的原因、流向、流动者的特征等具有显著的解释力。该理论认为劳动力迁移是由迁入地和迁出地的工资差别引起的，每一个地区都同时存在某些吸引人的因素和排斥人的因素，正是在这种综合作用下发生了人口迁移，只有迁移动力强并能克服迁移阻力的人才能最终完成迁移过程。在中国场景下，城市对外来工不仅仅是拉力，推力也不可小视。一般经济方面的推拉力是促进农民工流动的，而户籍制度则阻碍农民工流动，在两方面因素的作用下，城市农民工产生了两种生存策略，即出现了准备定居与不准备定居的农民工之间的分化（李强，2003）❸。通过居留意愿不但能够掌握农民工对于长期在北京居住的主观态度和打算，还可以折射出他们在北京的生活状况、社会融入情况，是这个城市对外来人口接纳和包容程度的一种间接体现。

---

❶ Zhu Yu. 2007. China's Floating Population and Their Settlement Intention in the Cities: Beyond the Hukou Reform. Habitat International 31: 65 – 76.

❷ 夏显力，姚植夫，李瑶，贺强. 新生代农民工定居城市意愿影响因素分析［J］. 人口学刊，2012（4）：73 – 80.

❸ 李强. 影响中国城乡流动人口的推力与拉力因素分析［J］. 中国社会科学，2003（1）：125 – 136.

1. 在城市长期居留的意愿

居留意愿是个人对居住地的主观看法、打算和期待。对于没有现居住地户籍的外来者而言能反映出他们对现居住地的认同程度，是权衡老家与现居住地诸多因素之后得到的一个综合结果。数据结果显示72.4%的在京农民工愿意在北京长期居住（5年以上），不愿意的只有10.6%，另外还有17.0%的人没想好。这说明绝大多数农民工希望今后继续留在北京5年以上。

为了了解哪些因素会影响他们的居留意愿，我们通过二分类logistic回归模型作进一步分析。在指标选取方面，把年龄、性别、婚姻、子女等作为标识人口和家庭特征的指标，把受教育程度、就业、收入、住房等作为标识社会经济特征的指标。考虑到在京居住时间的长短也可能会影响居住意愿，因而把在京居住时间也作为自变量纳入模型中，结果见表8.2。

表8.2 影响农民工在京长期居留意愿因素的 logistic 回归分析

变量	B	S. E.	Sig.	Exp（B）
年龄	-0.019	0.008	0.019	0.981
性别				
男	-0.137	0.117	0.243	0.872
居住时间	0.095	0.015	0.000	1.099
婚姻				
已婚	0.347	0.225	0.124	1.414
有无子女				
有子女	0.134	0.216	0.533	1.144
教育程度				
小学及以下			0.296	
初中	0.102	0.19	0.593	1.107
高中/中专	0.245	0.219	0.265	1.277
大专及以上	0.522	0.312	0.094	1.685
就业身份				
雇员			0.018	

续表

变量	B	S.E.	Sig.	Exp（B）
雇主	0.067	0.25	0.788	1.07
自营劳动者	0.464	0.152	0.002	1.591
家庭帮工	0.475	0.483	0.326	1.608
收入	0.450	0.420	0.009	1.623
住房情况				
自己租房			0.000	
他人提供	−0.588	0.118	0.000	0.556
自购房	1.095	0.599	0.067	2.989
常量	1.430	0.414	0.001	4.177

分析结果表明在自变量中年龄、居住时间、收入、就业身份、住房情况这几个变量显著性明显。年龄越大，想留下的愿望就会越弱，但改变程度并不大。居住时间能够在很大程度上反映人们在居住地的社会适应和融入程度，从结果可以看出在北京居住的时间越长，农民工在此长期居留的意愿就会越强烈。收入也是一个作用显著的变量，收入越高的农民工越愿意长期留在北京。从就业身份来看，自营劳动者比雇员更愿意长期留在北京，自营劳动者中想留在北京的比例是雇员中想留北京比例的1.59倍。可见农民工从打工者到自营劳动者角色的转变会提高他们长期居留北京的意愿。而其他自变量如性别、受教育程度、婚姻状况等因素影响作用并不明显。

2. 来自城市的拉力与推力

很明显，在没有阻碍的条件下，近四分之三的农民工愿意在北京长期居住，可见北京对外来农民工依然有巨大的拉力作用，但通过对农民工的个案深入访谈我们又发现，在强烈的居留意愿下，他们依然面临来自多方面的推力或者说是排斥力，在此把这些推力和拉力的作用总结如下：

拉力一：与农村收入的巨大差异是农民工留京的根本原因

谋求更高的经济收益始终是绝大多数迁移者迁移行为的根本动机和目的。推拉理论的一个基本观点即认为两地工资收入差距是导致人口流动的主要原因。根据2013年人口流动监测调查数据，北京农民工的月人均收入在3000元以上，其中收入在2000元以上者占农民工总体的近90%，而每月收入达到4000元以上的比例达到近20%，这远远高于在家务农所获得的收入。再从家庭收入来看，2013年北京农民工家庭月平均收入为5500元左右，月收入过万的农民工家庭超过10%。而按照国家统计局公布的数据，2013年我国农村居民家庭人均纯收入为8895.9元，即月平均收入为741元，很明显农民工在北京获得的收入远远高于在家务农所获得的收入。再从生活成本来看，国家发改委的一项调查研究表明，与河北、山东、河南等外来人口输出大省省会城市的生活成本相比，北京在一些基本食品如大米、猪肉等方面的价格均低于这些城市，且在交通、水电天然气等方面的价格也较低（李铁、范毅等，2013）[1]。

虽然北京已经承载了庞大的常住人口，但相对较低的生活成本依然吸引着包括农民工在内的外来人口在此长期居住。被访的绝大多数农民工也表示在北京能够获得更高的经济收入，这是吸引他们留京的根本原因。尽管会遇到各种困难和问题，但是丰富的就业机会和工资优势对外来人口依然有强大的拉力作用。

拉力二：对城市的认同感

现代推拉理论认为，迁移的推拉因素除了更高的收入以外，还有更好的职业、更好的生活条件、为自己与孩子获得更好的受教育机会以及更好的社会环境。新生代农民工已经成为这个群体的主体，他们的需求已不仅仅满足于工资收入，而表现为对多方面的需求均较父辈更为强烈。北京作为首都，是全国的政治、文化、教育

---

[1] 李铁，范毅，等. 我国城市流动人口和北京市人口问题研究［M］. 北京：中国发展出版社，2013.

中心，有着丰富的教育资源、医疗水平和公共服务。北京市公共资源以及社会福利的丰富性也成为吸引农民工的重要因素。

根据流动人口监测调查数据，被调查农民工喜欢北京这个城市的比例达到97.3%，关注北京变化的比例为95.3%，而愿意融入本地的也达到了95.0%。采用幸福感指标来衡量的话，与老家相比，农民工认为很幸福的为9.6%，幸福的为44.7%，认为目前幸福感与在老家时相当的占43.3%，只有2.5%的人认为当前不幸福。因此，这一群体总体上喜欢北京且基本都希望融入这个城市。有半数以上（54.3%）的人幸福感高于在老家时的水平。可以说对北京较高的认同感也是吸引他们留在这个城市的重要拉力。

推力一：在北京生活的重重障碍

推拉理论认为一个地区对外来人口存在着拉力也必然存在着推力。北京也不例外。包括农民工在内的流动人口在现实中面临种种问题和障碍，他们难以同北京户籍人口享受同样的公共服务以及教育、医疗等公共资源，这种种障碍形成了对外来人口的推力或者说排斥力。通过个案深入访谈我们发现农民工反映最为突出的问题集中在子女教育、医疗、居住条件、社会保障、劳动时间和强度等几个主要方面。与本地户籍人口的显著差异导致很多被访农民工表现出不满，尤其是子女在京接受教育的问题更是被访者普遍反映的主要问题，如有的农民工孩子在北京上学每个月要比本地户籍的学生多缴纳1000多元的借读费。而医疗保险异地报销难、看病费用高、住房条件差、居住不稳定等诸多问题都成为农民工及其家人遇到的普遍问题。

推力二：来自政策的约束力

尽管党的十八大提出要"加快户籍制度改革，有序推进农业转移人口市民化，努力实现城镇基本公共服务常住人口全覆盖"。但北京市作为一个拥有两千多万人口的特大型城市，所面临的流动人口管理服务问题十分艰巨。鉴于不断加剧的人口、资源、环境压力，针对北京等特大城市的户籍制度改革方案及有关政策也更加严格。2014年7月国务院在《关于进一步推进户籍制度改革的意见》中提出要严格控制特大城市人口规模。与中小城市的有序放开或全面放开落户限制相比，实现在北京等特大城市的落户更加困难。而是否具有本地户籍是人们在该地获得各种公共服务、福利甚至社会保障的一个重要条件，因此，对于在京的农民工来说，在北京实现长期居住还需要面对政策的约束。如果说在北京户籍制度是一股对外来人口有效的控制力或排斥力的话，怎样给那些能够留得下来、甚至已经在北京工作生活了较长时期、有稳定收入和居所的外来人口提供必要的服务和保障就应当成为政策考虑的重点。

当前我国的流动人口作为城市"外来者"，在人口队列上以"80"后、"90"后为主体，正处于结婚生育及养育子女的高峰年龄，同时他们也面临父母一代的逐渐老龄化甚至高龄化，而他们自己在未来已将进入年长劳动力的行列。在城市居住的长期化和家庭化使很多人已经成为城市稳定的常住外来人口。他们中有相当一部分将在城市长期定居下去的人群，还有一部分会回到距离农村老家较近的城镇地区，他们在或远或近的未来都面临养老的问题，对于居留在城市者，城市是否有足够的资源和能力来满足这些"外来"人口的养老需求？城市在当前的养老等公共设施、服务体系建设中应当以常住人口为对象进行长期规划，且着眼于更长时期人口老龄化引发的养老需求，才能真正实现"人"的城镇化。

第九章 社会保障制度在农村的发展及成效

社会保障是现代工业化社会的一项正规的制度安排。是国家或社会依法建立的、具有经济福利性的、社会化的国民生活保障系统。在中国，社会保障则是各种社会保险、社会救助、社会福利、军人福利、医疗保健、福利服务以及各种政府或企业补助、社会互助等社会措施的总称（郑功成，2005）[1]。而老年社会保障是人类社会区别于传统家庭养老的正式的养老保障制度，主要包括公共养老金、老年社会救济、老年医疗保障与服务、老年社会福利（包括社会服务）制度。在我国工业化出现城乡并进的新格局及城乡分割制度弱化的情况下，提高农村社会保障水平，对于缩小城乡差距、扩大内需具有重要意义。社会保障制度关系到国计民生，完善社会保障制度是改善收入分配、实现社会公平的重要保障，对扩大内需、加快转变经济发展方式和提高农民消费具有积极作用。

我国是农业大国，实现"生有所靠、病有所医、老有所养"是农民的基本要求与愿望，因此，在农村的社会保障中养老保险制度、医疗保险制度、最低生活保障制度是其重点（于淑波，2006）[2]，本章也聚焦于这几方面进行探讨。

---

[1] 郑功成. 社会保障学［M］. 北京：中国劳动社会保障出版社，2005：7-8.
[2] 于淑波. 农村三大社会保障制度探析［J］. 中共中央党校学报，2006（6）.

一、养老保险在农村的发展与现状

1. 制度的发展

长期以来,针对农村人口的社会化养老保障以低收入保障和救济为主,直至 2009 年以前覆盖农村人口的社会化养老保险体系并未真正建立起来。与城镇居民普遍享受社会保障的情形不同,中国农村居民主要依靠家庭保障而缺乏社会保障。在 1978 年农村实行家庭联产承包责任制之前,中国农村居民除了依靠家庭保障以外,他们还可以通过以社队为基础的集体经济制度而获得集体保障(梁鸿,1999)❶。农村实行家庭联产承包责任制以后,传统的集体保障被彻底打破,以社队为基础的集体经济瓦解,农民由此丧失了集体保障。随着农村社会经济的发展,农村传统的自给自足的自然经济已逐步为市场经济所替代。为满足农村居民多样化的养老需求,保障农村居民老年生活的基本需要,促进经济社会的持续发展,我国农村社会养老保险制度也不断改革和完善,大致经历了"老农保""新农保"和城乡居民社会养老保险制度三个阶段(李兆友、郑吉友,2016)❷。1992 年,民政部颁发《县级农村社会养老保险基本方案(试行)》标志着我国农村社会养老保险制度("老农保")开始建立,并规定了以"个人缴纳为主,集体补助为辅,国家予以政策扶持"的资金筹集模式,确定了以县为单位开展农村社会养老保险的方针。"老农保"在 1999 年 7 月被国务院叫停,农村养老保险进入停滞时期。可以说自改革开放到 21 世纪初期,我国农村社会养老保险的机制一直没有建立起来,农村社会养老保险水

---

❶ 梁鸿. 试论中国农村社会保障及其特殊性[J]. 复旦学报(社会科学版),1999(5).

❷ 李兆友,郑吉友. 我国新型农村养老保险制度可持续发展探析[J]. 求实,2016(4).

平低下，甚至呈下降趋势，根据劳动和社会保障事业发展统计公报的数据，例如1999年我国农村养老保险参保人数为8000万人，农村养老保险覆盖率为9.75%，已是相当低下的水平，但到了2004年更进一步下降到5378万人，覆盖率仅为7.1%。有研究指出，"老农保"失败的原因很多，但政府财政责任的缺位不能不说是重要原因。

在不断总结和推广各地经验的基础上，在人口老龄化、城乡统筹不断推进等多重背景下，2009年国务院出台了《关于开展新型农村社会养老保险试点的指导意见》，规定从2009年起开展新农保试点，2020年之前基本实现对农村适龄居民的全覆盖。"新农保"试点的基本原则是"保基本、广覆盖、有弹性、可持续"。"新农保"养老基金主要来源于个人缴费、政府补贴、集体补助三部分，实行个人账户和社会统筹相结合的模式，考虑到农村居民的实际情况，新农保的缴费标准设为五个档次，参保群众可自主选择缴纳标准。另外考虑到不同地区经济社会发展水平存在差异，国家允许各地根据实际情况对缴纳标准做出调整。从"新农保"运行的实际情况来看，经济最发达的地区和经济最不发达的地区的新农保覆盖率是提高最快的（李冬研，2011）[1]。经济发达地区的财政负担能力强，农民参保意愿变高；而经济最不发达的地区，中央财政倾斜力度大，推进速度也较快。为了全面推进和不断完善覆盖全体城乡居民的基本养老保险制度，充分发挥社会保险对保障人民基本生活、调节社会收入分配、促进城乡经济社会协调发展的重要作用。"新农保"可以说历史性地迈出了一大步，是继取消农业税、实施农业直补、新型农村合作医疗制度之后的又一项重大惠农政策，是加快建立覆盖城乡居民的社会保障体系的重要组成部分，对推动农村社会保障事业乃至全国社会保障制度的改革与发展具有重要意义。

---

[1] 李冬研."新农保"制度：现状评析与政策建议［J］.南京大学学报（哲学·人文科学·社会科学），2011（1）.

2010年颁布的《社会保险法》对基本养老保险等作出了系统而明确的法律规定，对农民的养老保险等在责任承担、缴费和领取、管理运作的若干方面作出了具体规定，对确立基本养老保险关系转移接续制度，提高基本养老保险基金统筹层次，建立新型农村社会养老保险制度等作出了原则规定。《社会保险法》是新中国成立以来第一部社会保险制度的综合性法律，对于养老保险是一部具有支架性作用的法律。

2014年国务院出台了《关于建立统一的城乡居民基本养老保险制度的意见》，将新农保和城居保两项制度合并实施，在全国范围内建立统一的城乡居民基本养老保险（以下简称城乡居民养老保险）制度。"新农保"坚持和完善社会统筹与个人账户相结合的制度模式，巩固和拓宽个人缴费、集体补助、政府补贴相结合的资金筹集渠道，完善基础养老金和个人账户养老金相结合的待遇支付政策，强化长缴多得、多缴多得等制度的激励机制，建立基础养老金正常调整机制，健全服务网络，提高管理水平，为参保居民提供方便快捷的服务。

按照《关于建立统一的城乡居民基本养老保险制度的意见》，参加城乡居民养老保险的缴费标准设为每年从100~2000元12个档次，省（区、市）人民政府可以根据实际情况增设缴费档次，最高缴费档次标准原则上不超过当地灵活就业人员参加职工基本养老保险的年缴费额，参保人自主选择档次缴费，多缴多得。有条件的村集体经济组织应当对参保人缴费给予补助，补助标准由村民委员会召开村民会议民主确定，鼓励有条件的社区将集体补助纳入社区公益事业资金筹集范围。鼓励其他社会经济组织、公益慈善组织、个人为参保人缴费提供资助。补助、资助金额不超过当地设定的最高缴费档次标准。政府对符合领取城乡居民养老保险待遇条件的参保人全额支付基础养老金，其中，中央财政对中西部地区按中央确定的基础养老金标准给予全额补助，对东部地区给予50%的补助。地方人民政府应当对参保人缴费给予补贴，对选择最低档次标准缴费的，补贴标准不低于每人每年30元；对选择较高档次标准缴费的，适当增加补贴金额；对选择500元及以上档次标准缴费的，补贴标准不低于每人每年60元。各地出台了养老保险可以一次性补缴15年的政策，参加城乡居民基本养老保险的人员，满60周岁但缴费年限累计未满15年的，无论何时参保，都可以一次性补缴15年。

2. 养老保险的保障作用

在实施"新农保"之后农村老年人获得的养老保障如何呢？根据人力资源和社会保障部发布的《中国社会保险发展年度报告2016》，2016年我国养老保险参保人数达到88777万人，已经基本实现对农村适龄居民的全覆盖。统一后的养老保险制度对于提高农村人的社会养老保障水平无疑是及时的、必然的选择。2016年全国城乡居民养老保险基础养老金月人均水平约为105元。

对于那些已经进入老年期的农村人，他们领取养老保险金的状况如何呢？2014年中国老年社会追踪调查（CLASS）结果显示，我国农业户口老年人的养老保险金领取比例为70.79%，均低于统一户口老年人和非农业户口老年人的养老金领取比例，二者分别为93.49%、91.25%。此次调查还发现2014年农村老年人平均养老保险金数额为141.21元，中位数为60元，远低于城镇职工基本养老金平均数额（2400.22元）及城镇居民社会养老保险金平均数额（1387.20元）。可见在城市与农村基本养老保险制度尚未统一前，农村居民的养老保险无论从覆盖面还是从保障水平上来看都远远低于城市居民。以养老金为首位收入来源在老年人收入中的比例也可以反映出养老金的保障作用，CLASS调查表明我国以离退休金或养老金为首位收入来源的农村老年人为13.0%，相比之下农村老年人更主要地以子女的资助（39.9%）、自己劳动或工作所得（27.0%）作为经济保障来源。但农村老人中以政府或社团的补贴资助为第一位收入来源的占8.8%，以贫困的老年人为主。

在农村老年人的总体收入来源中，养老保险金所占份额情况可从 2015 年全国 1% 人口抽样调查得到的数据中反映出来，见图 9.1。

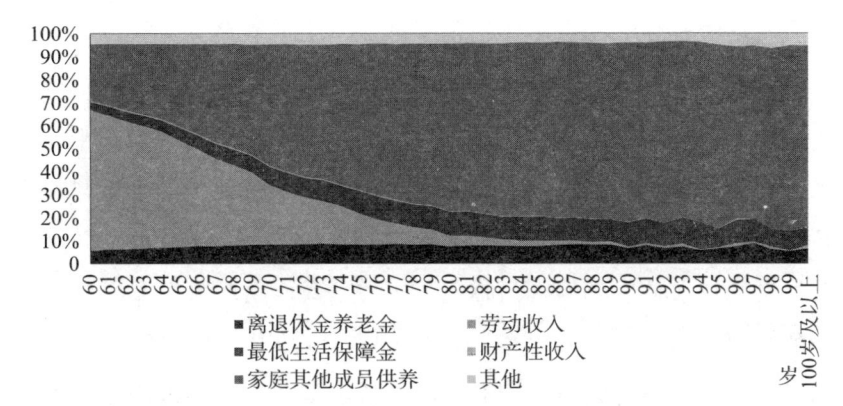

图 9.1　全国各年龄别农村老年人收入来源构成

数据来源：2015 年全国 1% 人口抽样调查。

离退休金养老金总体上在农村老年人收入来源中占 7.48%，比例远低于家庭成员供养和劳动收入；随年龄增长离退休金养老金在农村老年人收入中的构成比例相对稳定，从总体来看它对农村老年人的经济保障主要起到补充作用（见图 9.2）。

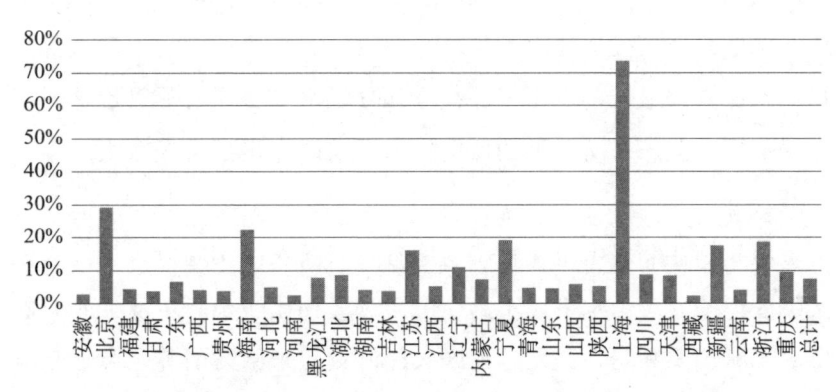

图 9.2　全国各省区农村老年人离退休金养老金在收入来源中的比例

数据来源：2015 年全国 1% 人口抽样调查。

图 9.2 比较了各省区的农村老年人离退休金养老金在收入来源中的比例，差距明显，最高的上海市达到 73.52%，最低的西藏自

治区仅为2.41%，即使是处于第二位的北京也远低于上海，这与各地区农村的经济发展水平、产业构成特点、社会保障程度相关。

尽管社会养老保险已经在近些年有了根本性转变和提升，但对于农村居民来说它的保障作用还很有限，主要表现为：第一，对于大多数农村老年人来说养老保险的保障水平有限。2016年全国城乡居民养老保险基础养老金月人均水平为105元。从绝对水平和其在农村老年人收入来源中的份额来看在多数农村地区养老金只能发挥生活补贴作用，还很难起到基础性的保障作用。第二，对政府财政补贴的依赖使有的地区面临资金压力。政府财政补贴是养老保险金的主要来源之一，新型农村养老保险采取"多缴多贴，不缴不贴"的差别式参保标准，对政府财政补贴提出了更高的要求。对经济发达的地区而言，地方政府财政有充足的资金投入到农村养老保险事业中，对于西部欠发达地区农村中央财政也有一定的支持，而中部地区地方政府补贴农村养老保险的压力更大。在老年人数量大、老龄化发展快的地区用于补贴农村老年人养老保险的财政压力会继续加大。第三，经济欠发达地区农民投保的能力十分有限。农村地区之间发展不平衡，个人之间收入差距较大，多数人收入水平仍然偏低，个人投保能力不足。经济收入水平低的农村家庭大都选择不参保或按最低档水平参保，这部分低水平参保者尽管也进入了参保范围，但未来所获得的低保障水平难以真正抵御经济上的养老风险。

但我们在调研中也比较普遍地看到，新农保实施以来虽然农民实际获得的养老金水平还不高，但与过去相比还是一个从无到有的质的飞跃，尤其是在欠发达地区农村，看起来微薄的养老金还是对改善老年人的生活水平甚至保障其基本生存需要起到相当明显的作用，如在江西上犹农村的访谈中发现多数老年人认为这些年来他们生活最大的变化就是能够领取基本养老金和高龄补贴，作为每个月补贴家用，虽然作用一般，但总比没有好。

二、农村医疗保险的发展与老年人的医疗保障

1. 制度的变迁轨迹

传统合作医疗制度是20世纪50年代在农业合作化运动的基础上，农民依靠集体力量，自发组织、自筹资金建立的互助合作的社区医疗保障制度（武力、郑有贵，2004）[1]。我国农村合作医疗制度在1955年建立农村公社和生产队时就开始初步建立，并于1960年末推广至全国，它的目的在于使劳动者患病后能够尽快得到康复，恢复劳动能力。随着家庭联产承包责任制的推广，农村集体经济迅速萎缩，导致基金筹集越来越困难，绝大多数农村居民的医疗保障又回退至家庭保障。自1990年以来，在不少地方虽然尝试再次恢复合作医疗，但由于筹资困难、设计缺陷和管理方面的问题，均收效甚微。

2002年发布了《中共中央、国务院关于进一步加强农村卫生工作的决定》，规定：各级政府要积极组织引导农民建立以大病统筹为主的新型农村合作医疗制度，坚持自愿原则，反对强迫命令，实行农民个人缴费、集体扶持和政府资助相结合的筹资机制。各地先行试点，取得经验后逐步推广。到2010年，新型农村合作医疗制度要基本覆盖农村居民。经济发达的农村可以鼓励农民参加商业医疗保险。省级人民政府负责制定农村合作医疗和医疗救助补助资金统筹管理办法。从2003年起，中央财政对中西部地区除市区以外的参加新型合作医疗的农民每年按人均10元安排合作医疗补助资金，地方财政对参加新型合作医疗的农民补助每年不低于人均10元，具体补助标准由省级人民政府确定。2007年1月中央决定新农合从试点阶段转入全面推进阶段，目标是覆盖全国80%的县，第二年基本覆盖全国县市区，并逐步将新农合纳入规范化、法制化发展

---

[1] 武力，郑有贵. 解决三农问题之路[M]. 北京：中国经济出版社，2004.

的轨道（新华社，2007）❶。

2016年1月《国务院关于整合城乡居民基本医疗保险制度的意见》发布，整合城镇居民基本医疗保险（简称城镇居民医保）和新型农村合作医疗（简称新农合）两项制度，建立统一的城乡居民基本医疗保险（简称城乡居民医保）制度。其中关于"六统一"的要求中包括统一覆盖范围，覆盖除职工基本医疗保险应参保人员以外的其他所有城乡居民；统一筹资政策。现有城镇居民医保和新农合个人缴费标准差距较大地区可采取差别缴费的办法逐步过渡；统一保障待遇，逐步统一保障范围和支付标准，政策范围内住院费用支付比例保持在75%左右，逐步提高门诊保障水平等。

2017年4月国家卫生计生委发布了《关于做好2017年新型农村合作医疗工作的通知》。规定：提高筹资标准，各级财政对新农合的人均补助标准在2016年的基础上提高30元，达到450元。农民个人缴费标准在2016年的基础上提高30元，原则上全国平均达到180元。提升新农合保障绩效，将政策范围内门诊和住院费用报销比例分别稳定在50%和75%左右，逐步缩小政策报销比和实际报销比，将符合条件的养老机构内设医疗机构和社会办医疗机构按规定纳入定点范围。将贫困人口大病保险起付线降低50%，促进更多贫困人口从大病保险收益。健全新农合、大病保险、医疗救助、疾病应急救助、商业补充保险等制度联动报销机制，推进"一站式"结算服务。加快异地就医联网结报，确保2017年年底前实现新农合转诊住院患者跨省定点就医直接结报。并积极推进对高血压、糖尿病、严重精神障碍等慢性疾病实施有别于普通门诊的慢性病补偿政策。

2. 医疗保障水平

就健康而言，衰老带来的身心功能下降及农村相对薄弱的经济

---

❶ 新华社. 总结经验、扎实工作、确保新农合深入持续发展［N］. 健康报，2007-01-24（1）.

条件、医疗服务资源使农村老年人居于最弱水平。本研究对农村老年人健康状况和照料服务需求的分析也揭示了这个群体应当是医疗保障的重点人群。作为近年来我国农村医疗卫生体系的一个重大变革，新农合目的在于重点解决农民因大病而导致的因病致贫、因病返贫的问题。与过去的合作医疗不同，新农合是以自愿为原则，以保大病为主的医疗保险。个人、公共财政通过加大对医疗的投入不仅有利于改善农民的身体健康状况、减轻医疗和生活负担，是缩小城乡差距、推动城镇化进程的重要因素之一。

一项对浙江省老年人的调查结果表明，参加新农合显著提高了老年人的自评健康、心理健康，而对身体功能能力无显著提高。参加新农合后，老年人个人平均医疗支出为1868.48元，保险支出为325.3元，并未显著减少个人医疗支出（刘晓婷，2014）❶。影响新农合保障作用的原因很多，其中起付标准和支付限额是农村老年人反映的普遍问题。由于新型农村合作医疗基金支付设立了起付标准和最高支付限额，在起付标准以下的住院费用由个人自付，超过起付标准的住院费用实行分段计算，累加报销，每人每年累计报销有最高限额，而参合农民往往由于未达到起付标准而无法报销。此外，在新农合的具体实施过程中，其中所规定的一类大病以是否发生住院费用为标准，大量老年人患有慢性病但无需住院治疗，在家中治疗康复的费用往往难以报销。

三、最低生活保障制度与农村老年人领取低保现状

1. 制度的发展

1996年民政部发布的《关于加快农村社会保障体系建设的意

---

❶ 刘晓婷，社会医疗保险对老年人健康水平的影响——基于浙江省的实证研究[J]. 社会，2014（2）：193-214.

见》中明确指出:"农村最低生活保障制度是对家庭人均收入低于最低生活保障标准的农村贫困人口按最低生活保障标准进行差额补助的制度。"从 1997 年开始,国内一些经济较发达的省市开始试点建立农村最低生活保障制度。2002 年党的十六大提出"有条件的地区探索建立农村低保制度",特别是在党的十六届五中全会提出建设社会主义新农村以后,农村最低生活保障制度迅速在全国各地推广开来。

为了全面解决农村贫困人口,促进农村经济社会发展,逐步缩小城乡差距,维护社会公平,2007 年国务院发布《关于在全国建立农村最低生活保障制度的通知》。该通知明确规定建立农村最低生活保障制度的目标是:通过在全国范围建立农村最低生活保障制度,将符合条件的农村贫困人口全部纳入保障范围,稳定、持久、有效地解决全国农村贫困人口的温饱问题。农村最低生活保障资金的筹集以地方为主,地方各级人民政府要将农村最低生活保障资金列入财政预算,省级人民政府要加大投入。中央财政对财政困难地区给予适当补助。农村最低生活保障标准要随着当地生活必需品价格变化和人民生活水平的提高适时进行调整。为切实加强和改进最低生活保障工作,2012 年 9 月 26 日国务院发布的《国务院关于进一步加强和改进最低生活保障工作的意见》强调应保尽保,加大政府投入,确保把所有符合条件的困难群众全部纳入生活保障范围;并提出了统筹兼顾的原则,统筹城乡、区域和经济社会发展,做到最低生活保障标准与经济社会发展水平相适应。

2016 年,国务院办公厅转发民政部等部门《关于做好农村最低生活保障制度与扶贫开发政策有效衔接的指导意见》,部署做好农村最低生活保障制度和扶贫开发政策有效衔接工作。其中指出要坚持精准扶贫精准脱贫基本方略,坚持应扶尽扶、应保尽保、动态管理、资源统筹等原则,通过农村低保制度与扶贫开发政策的有效衔接,形成脱贫攻坚合力,对符合低保标准的农村贫困人口实行政策性保障兜底,确保到 2020 年现行扶贫标准下农村贫困人口全部脱贫。

2. 低保领取状况

根据民政部发布的最新数据，2017年4季度全国县以上农村居民最低生活保障人数为4047.1245万，其中60岁及以上老年人口数量为1562.9572万，占农村低保人口总数的比例高达38.62%[1]。全国各省、各地的低保标准并不一致，如2017年4季度农村的低保标准最高的是上海（11640.00元/年），其次是北京（10800.00元/年），最低的青海为3334.98元/年，其他的西部省份及中部河南等省农村低保标准也偏低。

低保金对农村老年人经济保障的作用如何？根据2014年中国老年社会追踪调查数据，被调查老年人中领取低保的比例为6.62%，农村老年人领取比例（8.74%）高于城市老年人领取比例（4.70%）。年龄越大的老年人领取低保的比例越高。在2015年全国1%人口抽样调查中也得到了比较接近的结果，此次调查发现中国农村有6.81%的老年人以最低生活保障金为最主要的收入来源，如图9.3所示。

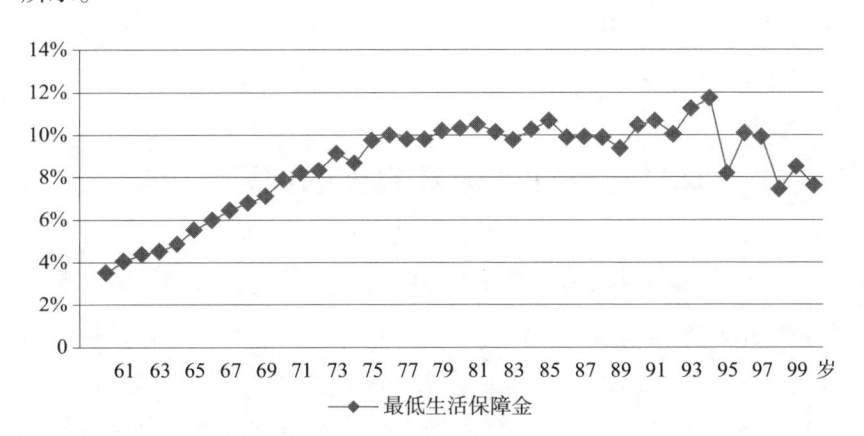

图9.3 分年龄农村老年人最低生活保障金在收入来源中的比例

数据来源：2015年全国1%人口抽样调查。

---

[1] 数据来源：中华人民共和国民政部. 2017年4季度全国县以上农村低保情况. http://www.mca.gov.cn/article/sj/tjjb/dbsj/2018/201803131518.html.

众所周知，以低保为主要收入来源的通常是经济贫困人口。老年人是农村人口中低保领取比例较高的人群，说明农村老年人的贫困问题仍很突出。绝对经济贫困即"收入水平低于公认的最低标准"是学术界和政府部门使用最广的贫困定义，也是导致社会贫困的重要原因之一。在农村地区，对绝对经济贫困的界定采用的是我国从2010年开始使用的农村贫困线（2300元/年）标准。相应地，将年收入低于该标准的老年人定义为农村贫困老人。按照这一标准，采用2014年中国老年社会追踪调查数据计算得出全国约24.3%的老年人处于绝对经济贫困，农村老年人中约38.2%处于贫困。

我们在江西某村的调研发现农村老年人领取低保的情况如下：该村有低保户92户，其中60岁以上无儿无女的五保户13人，10个男性老年人多数丧偶或者未婚，女性多是丈夫去世后一直未改嫁。每月可领取200~300元，对于非常困难的会略有增加；儿女没有孝心、没有儿子、女儿出嫁了一般会有低保。五保户、低保户、残疾患者（有的无低保，严重的残疾才会有低保）不用交合作医疗保险150元，基本养老保险不用交费仍然有钱领。

四、农村主要社会保障制度的问题分析

从上述对我国农村主要社会保障制度的发展状况中了解到，农村最低生活保障制度的资金筹集以地方为主，主要目标是将符合条件的贫困农民都纳入保障范围，并致力于贫困农民的脱贫工作，对农民只能保障最低生活水准。现阶段的城乡居民基本养老保险制度以个人缴费、集体补助、政府补贴相结合的资金筹集方式，但主要依靠的是个人账户的积累。新型农村合作医疗实行农民个人缴费、集体扶持和政府资助相结合的筹资机制，且农民个人缴费标准一直在上涨，还有实际报销比与政策报销比不相符的问题。由此可以得

出，我国农村主要社会保障制度的资金来源于个人缴费、集体补助和政府资助，但由于我国农村的社会保障制度受经济发展和二元经济结构的影响，还处于起步阶段，三资金来源模式虽然提出多年，现实却始终依靠农民个人缴费为主。最终导致农村社会保障水平低，农民负担重直接制约了我国农村农民社会保障的可持续发展，农村经济的长远发展。从我国农村主要社会保障制度的三大资金来源的角度分析，可以发现以下几方面影响着农村社会保障的可持续发展。

第一，农村土地保障能力下降，农民自我发展能力弱，个人缴费能力明显不足。土地保障制度只是我国农村社会保障制度建立过程中的一个过渡形式，随着工业化、城镇化的推演必将导致耕地减少，从而将使部分农民永久失去土地而彻底失去保障。农地减少的趋势虽然可以减缓，但却不可避免（李郁芳，2001）。❶ 近年来由于土地数量有限、农户种地成本上升、农产品价格持续下滑等原因，使得农业经营的绝对收益越来越低，具有最低生活保障作用的土地保障功能日趋弱化，农民个人缴费负担较大。受我国二元结构的影响，过去优先发展城市的策略使得农村经济发展先天不足。且教育资源分配不均衡，九年义务教育自2006年实行，现在的农民并未受益于该项公益性事业，这又导致了农民后天竞争力差。因此，农民工进入城市，大部分进入"非正规部门""非正规就业"，"非正规部门"的特点之一便是它们几乎毫无例外地处于社会保护、劳动法律和工作场所保护措施的范围之外（李强，2002）❷。这些农民工的参保意识薄弱，薪酬又大多较低，个人缴费能力明显不足。

第二，乡镇企业人才缺乏，市场竞争能力差，集体缴费能力欠缺。乡镇企业自20世纪80年代以来，异军突起，不仅提高了农业

---

❶ 李郁芳. 试析土地保障在农村社会保障制度建设中的作用 [J]. 暨南学报（哲学社会科学），2001 (6).

❷ 李强，唐壮. 城市农民工与城市中的非正规就业 [J]. 社会学研究，2002 (6).

的生产效益、促进了农村的繁荣发展、增加了农民的就业收入,对于打破传统的城乡壁垒、实现城乡一体化也具有一定的推动作用。但是随着市场经济的发展,乡镇企业的一些问题逐渐显露出来,地理位置多处于城乡结合部,集约化经济特征较差,城乡社会保障的差异逐渐拉大,阻碍了人才的合理流动,进而使得乡镇企业的经济收益下降,导致乡镇企业集体缴费能力欠缺。除人才缺乏外,政府对乡镇企业的扶持较小,忽视其在推动城镇化进程中的作用使得乡镇企业停滞不前。

第三,政府对农村社会保障制度建设关注严重不足,财政转移支持力度微弱。长期以来,政府对农村养老保险的支持力度不足,如人口普查显示我国农村老年人以退休金为主要生活来源的比例一直很低,2000 年为 4.76%、2010 年为 4.60%。利用民政部 2015 年社会服务发展统计公报计算得出,2015 年全国农村低保月人均补助水平为 147.2 元,而全国城市低保月人均补助水平为 316.6 元,城市是农村低保月人均补助水平的 2.1 倍,城乡低保水平差异较大,财政对农村低保的转移支付水平低。而我国目前农村社会养老保险制度的运行尚未有正式的法律文件加以规范,"看病贵"和"实际报销比"等问题都还需要政府加大对农村社会保障制度的关注。

五、讨论与思考

从上述分析中看到虽然农村的社会保障还存在诸多问题,但一方面必须认识到近些年农村的养老、医疗保障毕竟发生了质的提升,另一方面农村社会保障普遍面临农民自身缴费能力明显不足、集体缴纳能力欠缺和财政转移支持微弱的问题。农村与城市在社会保障方面存在的巨大差距还源于社保资金的来源问题。资金来源的可靠性、稳定持续性和充足性是农村养老、医疗保障及福利服务得以发展的关键。借鉴日本农村社会保障制度的基本经验可知,随着经济的恢复和发展,在农民的生存权获得充分保障的前提下,从 20

世纪 50 年代后期起,日本政府逐步将农村社会保障目标转向为保障农民的发展权,主要表现为实现"防贫"政策(张运书,潘淑娟)❶。通过内生式发展帮助农民自立,推动农村经济可持续发展,才能从根本上提高农村社会保障水平。内生式发展包括:

第一,提高农民自救能力,积极发展适度规模经营,提高农民个人缴纳水平。鼓励农民参加农村地区职业技术教育培训,提高农民自救能力。探索政府购买服务等办法,发挥企业培训主体作用,提高农民工技能培训针对性和实效性。培训农村剩余劳动力与企业对接,以增加流动的稳定性,提高农民工外出就业的竞争力。优化农业从业者结构,深入推进现代青年农场主、林场主培养计划和新型农业经营主体带头人轮训计划,探索培育农业职业经理人,培养适应现代农业发展需要的新农民。积极引导农民在自愿基础上,通过村组内互换并地等方式,实现按户连片耕种。❷ 通过职业农民的带动,实现农村内生式发展,提高农业经济效益,也提高了农民个人缴纳社会保险的水平。

第二,积极推动乡镇企业发展,以促进新型城镇化建设,加快社会保障城乡统筹。乡镇企业的发展过程就是让农民变成市民、村庄变成城镇,有序推进农业转移人口市民化的过程。乡镇企业在推进新型城镇化进程中开创了一条就近城镇化的新型城镇化路子(杨绍品,2015)❸。乡镇企业的发展促进城镇化发展,而城镇化发展又为乡镇企业的进一步发展带来机遇。因此,需要政策导向支持,财政转移支付,鼓励乡镇企业发展。政府应提高对乡镇企业的财政支持,鼓励产业集群发展,产生集约化经济效益,达到城乡经济统筹发展的目标。要积极引导乡镇企业大力发展高新技术产业,并且

---

❶ 张运书,潘淑娟. 目标与范式:日本农村社会保障制度之借鉴[J]. 经济理论与经济管理. 2011(3).

❷ 中共中央,国务院《关于深入推进农业供给侧结构性改革加快培育农业农村发展新动能的若干意见》. 2016 年 12 月 31 日.

❸ 杨绍品. 充分发挥中国乡镇企业在推进新型城镇化中的重要作用[J]. 休闲农业与美丽乡村,2015(1).

应用高新技术改造提升传统产业，促进传统产业升级。乡镇企业建设应围绕现代农业建设大力发展农产品加工业、积极发展休闲农业、特色农业。在引进人才方面则需要提供优渥的社会保障，制订规范的企业年金计划，以改善员工退休后生活水平。李强在"就地城镇化"和"就近城镇化"模式研究中提到在乡镇企业快速发展进程中，推进了就近农民户籍制度改革，社会保障的转移接续，提高了农民收入和产业置换，降低了农村人口城镇化的障碍。乡镇企业就近城镇过程中通过培育一批新兴乡村经济中心，催生更多非农就业机会，提高农民收入水平，又为当地政府提供了税收，最后产生提高当地集体对社会保障的资助效果。

第三，优先农业农村财政支出，鼓励社会资本筹资，提升财政扶持水平。首先，为了整合涉农资金，要确保农业农村投入适度增加，优化投入结构，创新使用方式，提升支农效能。措施包括如将幼儿园纳入公立教育，降低农村养育成本，减轻农民经济负担，提高农村未来可持续发展能力；其次，为了防止农民因病返贫，政府应加大农村健康支出，定期在农村进行健康卫生宣传，提倡健康生活方式，完善农村运动设施，并每年定期为农民体检，以达到早发现病症早治疗的效果。再次，提高农民最低生活保障和基本养老保险水平，以缩小城乡差距。政府还应积极推动多渠道筹集农村社会保障资金。鼓励慈善机构参与农村社会保障建设，引入社会福利事业来补充农村社会保障。最后，对于农村养老基金的保值增值，应主要通过存入金融机构或购买国家债券及金融债券的途径来实现，以保障基金的安全稳定和保值增值，以切实提高农村养老保障。

为了从根本上提高农民的社会保障，需要在政府财政的扶持和地方乡镇企业的推动下，增强农民自身的发展能力，以增加农村的经济收益，通过内生式发展来提高农村社会保障水平。解决农民的社会保障问题可减轻农民的养老担忧，内生式的发展又满足了农民自身的发展需求。只有社会保障和人的发展同时推进才能真正实现社会保障的保障作用和可持续发展，才能缩小城乡之间的差距。

第十章 农村社会养老服务的实践模式与典型案例

相对于近些年大力推进并取得显著进步的养老保障体系而言，以提供生活和医疗照料护理为核心内容的养老服务体系还十分薄弱，而农村的养老服务体系又尤为不健全，是养老问题中最滞后、最具风险的环节。发展农村社会养老服务是弥补家庭养老的缺位或不足、解决农村老年人无人照料难题、提高农村老年人生活质量的关键点。

面对供给与需求的结构性矛盾，农村社会养老服务究竟应该以何种方式才能发展下去？换句话说，何种社会养老服务发展模式是与农村人口老龄化进程相适应、农村经济社会发展水平相协调的？在前期已有的调查和实证分析基础上，课题组于2015—2017年先后到浙江省安吉市、浙江省金华市、河北省石家庄市平山县、灵寿县、廊坊三河市、江西赣州上犹县、北京市顺义区等地区进行实地调研访谈。通过个案深入访谈、专家座谈和文献研究的方式了解当前农村养老服务开展的情况、存在的突出问题和风险、相关人群的养老意愿和诉求，对不同地区农村社会养老服务的典型模式进行比较和评析，为总结中国农村老年人社会养老服务发展的可行途径提供参考。

一、农村社会养老服务发展的政策脉络

面对农村社会经济环境和人口的明显变化，在实践中如何实施

能够满足老年人基本养老服务需要的方式一直是一个棘手的问题。近些年政府为了加快养老服务发展密集出台实施了一系列政策措施。这些政策措施集中反映了当前农村养老服务的应对策略与今后发展方向。仅2010年以来全国层面的主要政策文件就包含了诸多与农村养老服务相关的内容,大致梳理如下:

2011年国务院办公厅印发《社会养老服务体系建设规划(2011—2015年)》,其中明确重点建设老年人日间照料中心、托老所、老年人活动中心、互助式养老服务中心等社区养老设施,使日间照料服务覆盖半数以上的农村社区。

2013年国务院又印发《国务院关于加快发展养老服务业的若干意见》,再次提出到2020年90%以上的乡镇和60%以上的农村社区建立包括养老服务在内的社区综合服务设施和站点,并要求切实加强农村养老服务协作机制。全国社会养老床位数达到每千名老年人35~40张,服务能力大幅增强。

2016年12月国务院办公厅《关于全面放开养老服务市场提升养老服务质量的若干意见》中提出了将养老资源"向居家社区服务倾斜,向农村倾斜,向失能、半失能老年人倾斜"的原则;并就提升农村养老服务能力和水平专门提出了若干具体意见。

2017年《国务院关于印发"十三五"国家老龄事业发展和养老体系建设规划的通知》,其中提出:推动农村特困人员供养服务机构服务设施和服务质量达标,在保障农村特困人员集中供养需求的前提下,积极为低收入、高龄、独居、残疾、失能农村老年人提供养老服务。通过邻里互助、亲友相助、志愿服务等模式和举办农村幸福院、养老大院等方式,大力发展农村互助养老服务。发挥农村基层党组织、村委会、老年协会等作用,积极培育为老服务社会组织,依托农村社区综合服务中心(站)、综合性文化服务中心、村卫生室、农家书屋、全民健身等设施,为留守、孤寡、独居、贫困、残疾等老年人提供丰富多彩的关爱服务。

对于养老服务,模式之说应着重强调为老年人提供的服务资源主要由谁提供。且模式应当是已形成并发展一段时间，成为较稳定、系统的构架、内容和效果。在自我养老、家庭养老、社会养老这几种基本模式的基础上，农村又逐渐探索形成几种有一定影响力的模式或做法，可归纳总结为以下几种。

二、互助养老模式

互助式养老被认为是解决农村照料问题的一个比较现实可行的方式。2008年，河北邯郸肥乡县前屯村创造性地建立了农村互助幸福院，以解决经济有保障、身体健康的农村空巢老人的生活照料和精神慰藉问题。其主要特征是"集体建院、集中居住、自我保障、互助服务"。进而河北省全面推广肥乡模式，2012年民政部也开始推广该模式（赵志强，2015）[1]。

以开展较早、具有典型性的肥乡为例，该模式的特点是由政府补贴确保基本保证运转，配套措施也由政府承担。每建成一套"互助幸福院"且住满20人，政府提供5000元经费。入住的老人自带米面油等基本材料用品，互助照顾、供养，不需要服务人员。通过村委会发起并推动，基本的公共产品由村集体供给，一些自理程度高的老年人居住在一起抱团取暖。这种互帮互助发挥了当地老年人的作用，增强了邻里的情感。由于都是本村人，大家互相了解，文化相通，能够帮助解决老年人的吃饭问题、缓解孤独并提供社会交往平台。是一种整合现有农村设施基础和老年人力资源，低成本为农村老年人提供照料支持的模式。

"远亲不如近邻"，互助养老打破了家庭养老的血缘界限，为纯粹的社会化养老、市场化养老提供补充。邻里互助在亲缘地缘血缘更紧密的农村地区邻里互助更有着天然优势。但在养老方面作为一

---

[1] 赵志强. 农村互助养老模式的发展困境与策略[J]. 河北大学学报（哲学社会科学版），2015（1）.

种比较规范且具有仿效复制意义的模式出现却还处于起步阶段。以肥乡互助幸福院为代表的农村互助养老模式是村民根据现有资源，整合各种力量开发出的低成本、能够满足村民基本养老需求的一种创新模式。互助养老所具有的"集中建院、集中居住、自我保障、互助服务"的特点恰好地契合了农村养老的问题所在：农村老年人居住分散、缺乏成规模成体系的社会化服务设施和项目、缺乏照料管理和服务人员、社会化服务购买力不足等。很显然，互助养老模式的主要优势在于低成本、有效利用老年人自身资源、盘活当地闲置资源、以集中就餐、集中活动为主要内容能够解决一些老年人的日常基础性需求，且就近方便、管理运行难度较小、可操作性强等。

但从互助模式的条件和内容来看，其局限性也很明显，如难以惠及身体健康不佳甚至生活自理能力受限的老人；依赖政府的支持力度和是否持续性支持；对村、乡等农村基层领导者的个人推动意愿和能力也有很强的依赖性；此外，由于互助取决于多个老年人之间的协作意向和能力，如何能在自愿的原则下达成互助"协议"并持续进行？对于健康的老年人来说，即使没有互助也能独立照顾自己，而对于健康欠佳或照料能力不足的老人来说如何照顾他人体现"互助"的交换优势？此外，互助模式倘若缺乏必要的医疗护理服务，也很难解决真正需要照护的失能半失能老年人的困难。但毋庸置疑，相对于过去几乎空白的社会化养老服务而言，互助式养老模式的出现并迅速在很多农村地区得以不同程度发展足以说明这种模式的现实价值。

在近年国家及地方关于农村养老服务方面的政策导向中，农村幸福院、养老大院、互助养老被多次提到并作为农村养老服务的突破点或重点。如2013年民政部、财政部颁布了《关于做好2013年度中央专项彩票公益金支持农村幸福院项目管理工作的通知》，按照每个项目补助3万元的资金标准，将2013年10亿元专项彩票公益金用于支持建设3.33万个农村幸福院，用作幸福院的设施修缮和设备用品配备，使农村居家和社区养老服务覆盖率在已有基础上提高 10% 以上。

而有的已建起来的农村幸福院由于其他条件匮乏，或者运行不规范、活动单一，无法真正解决农村养老服务根本性的问题。如果说通过利用农村闲置校舍等场所或新建扩建互助幸福院已经在基础硬件设施上迈出关键一步，那么下一步则应当在满足就餐、聊天和休闲活动服务的基础上，充实扩展服务内容、服务项目及服务程度，而这些一方面要依托现有的互助平台，但另一方面更需要政府及社会力量给予必要的介入性支持，尤其是在基本医疗服务、专业生活和医疗护理服务等方面。此外，如何激发老年人的积极性和能动性参与到互助养老服务之中也是互助模式的核心问题。

三、农村居家养老服务模式

我国的养老服务体系是以居家为基础、社区为依托、机构为补充、医养相结合。居家养老服务被认为是弥补家庭养老功能弱化而机构养老又难以被大多数人接受的适宜方式。相对于城市飞速发展的居家养老服务，农村地区由于居住比较分散、相关基础设施匮乏、管理资源和能力不足等多方面原因，居家养老在农村的发展水平一直显著低于城市。但从若干调查的结果来看，农村老年人的健康水平和生活自理能力总体上都低于城市老年人，在劳动力普遍外出的农村地区空巢、独居的老年人更需要获得就近、便捷的居家养老服务。为了探讨居家养老模式在农村的发展经验，我们以浙江省金华市、安吉市农村居家养老模式为例进行探讨。

浙江省是我国经济发展最快、经济最发达的省份之一，也是人口老龄化程度最高的省份之一，例如 2015 年浙江 60 岁以上户籍老人达到 984 万人，占总人口的 20.2%，其中 80 岁以上高龄老人就达 156 万人。由于该地区民营经济发达，农村地区经济状况普遍较好，加之农村社会养老服务发展早、受重视程度高，产生了一些具有示范意义的典型模式，因此浙江省社会养老服务业发展总体上一直走在全国前列。另一方面区域经济社会条件良好，有较为浓厚的地方传统文化和家族文化、子女"离土不离乡"、以就近流动为主的外出流动方式等，使得该地农村老年人的养老模式在转变过程中又呈现一些独特性。鉴于此，2015年10月课题组专门针对浙江省农村居家养老服务的典型模式以及农村老年人对社会养老服务的需求和评价展开调研，试图总结经济发达农村地区社会养老服务的典型模式和先进经验，并获得经济发达农村老年人的养老观念及服务需求的个案资料。

1. 金东区农村居家养老照料中心

目前我国大部分地区农村的社会养老服务体系还处于尝试阶段，管理制度不够完善，缺乏统一细致的行业管理标准和服务质量评价细则，规范化程度较低。但是浙江省金华区的居家养老照料中心在基本设施和养老服务的提供方面已经形成一套较为完整、规范、标准化的体系，并且能够结合农村当地特色充分发挥当地各方组织的力量，使得居家养老服务照料中心能够持续运营下去，成为解决当地农村老年人就餐、休闲娱乐的一个重要举措。

浙江省金华市金东区是2001年4月成立的行政区，前身是金华县一部分，再加上老婺城区的两个乡镇，2016年调研时共12个乡镇街道办事处，512个行政村和社区，其中491个是农村，因此该地以农村社区和农民为绝对主体，城镇社区和城市居民数量较少。全区共32万人，农业人口26.7万人。金东区共有6.48万60岁以上老年人（其中70岁以上的2.6万人，80岁以上的8000人，90岁以上的950人，100岁以上的40人左右，其余均为60~70岁老年人），老年人口数量占全区人口数量的20.25%，老龄化程度严重，尤其是高龄化程度十分突出。

2012年金东区某村率先开办起老年食堂，帮助那些子女不在身边的老年人解决吃饭问题，该举措取得了很好的反响和收效。在民政部门的推动下，随后在7个乡村7个镇开始试点，服务范围从吃饭扩大到照料、休息、保健和文体活动，这在当时全国农村养老服务模式中极具突出的创新与前沿性。截至2016年全区在500人以上规模的社区中共设立了293个居家养老服务照料中心，基本覆盖每个行政村和社区，服务全区三分之二的老年人口即4万余人。其中来吃饭的老年人共有7千多人，参与活动（如看书聚会）的4万多人，居家养老服务照料中心利用率较高。

该项目的资金来源、基本设施、主要服务内容和管理服务人员情况分别如下：

在资金来源方面，自居家养老服务照料中心2013年正式开始兴办以来，资金来源就体现出多样化的特点，并充分发挥了自上而下、自政府到民间、自集体到个人的作用，这是照料中心能够正常持续运营的根本经济基础。中心的基本建设资金主要来自省里的一次性补助5万元及市里补助5万元；而运行资金主要由政府补贴、餐费收入、民间捐赠三部分组成。政府补贴依据区里出台的支持性政策，规定每个照料中心一年由政府补贴2万元；餐费收入为实际就餐者缴纳的每人每餐2元的费用（有的为0.5元、1元，收费根据不同年龄、不同村落的经济状况而略有差异）；民间捐赠在当地主要来自社会爱心企业捐赠的款、物，如大北农公司每年拨出1000万元用于大力支持澧埔镇居家养老服务照料中心的运营。除上述基本经济来源外，党员捐款也是部分经费来源，如下宅村的居家养老服务照料中心就充分调动党员的积极性，发动他们为照料中心捐款定期改善老年人伙食水平。当地老年人可在照料中心获得中饭和晚饭、休息、娱乐等服务，降低了个人的生活成本。

关于基本设施，居家养老服务中心采取因地制宜的方式，每个村子根据本地实际状况对原有房子进行改扩建或重新建造，使之成为集多功能为一体的老年人居家养老服务照料中心。每个居家养老服务中心基本都包括几室（读书室、活动室、休息室、洗衣室、卫生保健室）和一厅（餐厅），餐厅统一配备炊具、灶具、油烟机、消毒柜、冰箱、保温彩盒、烧水机器，中心还配置了空调、电视机等。这些设备和用品采购以乡镇为单位，选取质量和价格合适的商家统一购买，由商家上门测量不同照料中心的厨房规格，统一置办安装，以降低成本，体现规模效益。

金东区的居家养老服务中心以为老年人提供低价午餐、晚餐为主要内容，还为老年人的交流互动、文化娱乐、阅读、休息提供了场所和平台，有的还提供定期体检的服务。也有个别村落如下宅村允许本村村民另交150元，便可以在照料中心过夜；有的村子如晚田畈村允许身体不好的老年人由子女或老伴把饭菜带回去，或者年龄不足但是有切实需要的村民（如洪村）自己交纳政府餐费补贴就可享受用餐服务，服务运营方式结合实际需要且多样化。

在管理人员和服务人员方面，通过调研发现，金东区各村的村两委在照料中心的管理方面发挥重要作用，包括场地选择、管理制度制定、服务质量监督等。而老年协会在照料中心的发展运作过程中也发挥了独特作用，如在澧埔镇，主要由退休村干部组成的老年协会成员通过台账记录、原料过秤等细致琐碎的工作对控制照料中心运营成本起到了有效作用，另一方面也充分调动了老年人的潜在资源。在服务人员招聘、管理方面的相对规范化也是保障服务中心持续发展的措施之一。招聘的厨师、服务人员要经过政府组织的培训方能上岗。根据调研村反馈的经验，每个照料中心通常1~2名厨师及服务员即可，一般40岁以上的本村中年妇女较适合稳定地在照料服务中心工作。

但通过实地调研，我们也看到该项目发展面临的难点。第一，基本针对健康、能自理的老年人，不能自理老人的照料问题依然未能解决。金华市金东区居家养老服务照料中心所提供的服务主要以两餐为主，休闲娱乐、定期体检为辅，但是这主要针对的是身体健康状况较好、生活可以自理的老年人，而身体健康状况较差老年人的日常照料则需要由子女承担，大大加剧了家庭照料不能自理老年人的负担和成本。第二，服务人员和炊事员招工难的问题普遍存在。在每家照料中心，工作人员的工资水平是每月 2000 元左右，远低于外出务工的平均工资，因此愿意在照料中心工作的多为本村或邻村的中老年爱心人士，且数量有限，不可避免地制约了照料中心的发展和服务内容的扩充。

2. 安吉农村老年协会的居家养老服务功能

基层管理机构、组织和人员匮乏是制约农村开展老龄工作和服务的一个重要因素。农村老年协会作为社区的老年互助组织，有可能通过整合农村的老年人资源和政府、非政府部门资源来为居家养老服务提供支持。浙江省湖州市安吉县部分农村地区老年协会起主导作用开展的居家养老服务即是一个现实案例。课题组于 2015 年走访了安吉县昌硕街道、报福镇的某些乡村，实地了解了这些地区农村居家养老服务的情况。

项目一：昌硕街道某村位于距县城 9 公里，有戴村、李村、姚家场、李家山下、清水潭、茅家塘、塔里 7 个自然村，村委会驻地戴村。隶属凤凰山乡。是一个盛产毛竹的山村，竹资源丰富，古树名木众多，朱熹故里。由于该村历史上是移民迁入地，传统上文化包容和接纳性较好。全村人口 2000 多人，老人 500 多位，老龄化程度高。年轻人多到县城打工、工作，留在村里的较少。2015 年底该村的老龄协会有 11 张床位，为本村老年人提供午餐及活动、休息场所。并在与老年人有关的重要节日组织开展活动。

项目二：报福镇位于安吉县的西南部，天目山北麓，东邻上墅乡，南接临安县，西与章村、杭垓两镇交界，北界下汤乡，是在山林土特产品集散的基础上缓慢发展起来的以竹、电、鞋为主具有山区特色的小城镇。报福镇辖 11 个行政村，其中 B 村和 H 村的居家养老服务在当地开展得较好。B 村是集镇所在地，有 600 多老年人，当地老年协会已成立了 20 多年，该村以老年协会为载体的银龄互助服务社率先在浙江省开展了低龄老人帮助高龄老人的老年志愿服务。目前老年协会主导开展在工作日开放老年餐桌及活动场所，并开展老年人邻里服务及老年文娱活动等。而 H 村人口 1800 多人，老人 380 多人，2008 年老年协会建成了一个供老年人活动的场所，并于 2014 年扩建。H 村的居家养老服务即以这个老年协会院子为核心展开。

项目一和项目二的资金来源、基本设施、主要服务内容和管理服务人员情况分别如下：

在经费方面，经费来源包括一次性建设补贴、运行补贴和差额补助三大部分。一次性建设补贴由政府提供，如 300 平米以上的标准型补贴 15 万元；运行补贴是每年 1 万~3 万元，工作成效优秀的额外奖励 1 万~6 万元。差额部分由村集体补助。而所开展的服务项目收费方面，作为主要内容的午餐收费标准在不同村庄中标准不一，如项目一根据老人年龄而有差异，随年龄呈递减趋势；项目二中的 B 村则不分年龄每人每餐 5 元，不够的部分由村里补充；H 村也采取差额收费的模式，90 岁以上不收费。此外 B 村每年向老年协会会员征收少量会费，但年终时会以高于会费价值的财物返还。在访谈调研中我们也了解到，一些村庄老年协会会长凭个人影响力在出现亏空时或筹办活动时向各方"化缘"也是一个重要的经济来源。

老年协会新建或改、扩建起来的服务中心是这三个村开展服务的基本设施基础。村里老年人的午餐或包括晚餐可到老年协会来吃，除了餐厅外、厨房、休息室（如项目一中的 11 张床位）、活动室（如项目二的电视室、麻将室），以及 H 村的文化礼堂、老年食堂用地和项目一复建的一个用于清明家族活动仪式的祠堂，每逢会有家族活动。依托老年协会搭建的这个"活动中心"，村里有需要的老年人不仅可以在午餐时集中到这里得到低廉的餐食服务，还以此为聚集点聊天、打牌或各种社会活动，是当地农村老年人文娱排练、演出的主要场所。为围绕这一中心也有可能开展起更多样的服务如免费理发、体检等内容。

主要由村老年协会来组织开展的养老服务内容在午餐服务的基

础上有一定扩展。项目一的老年餐桌每餐有三十多个老人就餐（包含少量送餐服务），每年重阳节会开展文娱演出等活动，每两年搞一次金婚纪念活动。由于村里老人都是协会会员，就在这些老年会员之间彼此提供服务，如帮老年人调解纠纷、慰问、整理卫生等。B村的开放老年餐桌服务人员是两位低龄老人，每餐也为三十位左右的老年人服务，此外，B村的日常服务中另一个比较有特色的内容是通过邻居照看对老人身体情况实时监控，如果有突发情况由邻居通知老年协会处理，每月给邻居60元报酬。H村的老年餐食服务最大特点是老年协会自己有一份十多亩的土地，土地由老年人种植蔬菜，以节省开支；此外该村还设有夕阳红生态文明劝导队、老娘舅俱乐部，由老人负责环保和调解工作。

  在管理人员和服务人员方面，安吉县这些农村地区开展的服务最大特点是老年协会扮演了极其主动的角色，包括联系相关资源、搭建服务设施和平台、筹集服务资金、创建服务内容、组织管理日常服务等，而老年协会的管理者和成员均由本乡村老年人组成，如B村老年协会由11位理事、22位组长、630多个会员（即全村老年人）组成。会长72岁，男，以前是企业老板，在经济上已无后顾之忧，老了之后觉得应该回家乡来做公益，以"积德抵罪"。其他村的老年协会会长、理事等也多为当地退休村干部、企业主或知识文化程度较高的长者。由于组织者、管理者均是当地老年人，非常熟悉本村老年人的情况和各种能够利用的资源，因而在了解村里老年人的需求、资金筹募、召集互助服务等方面都具有天然优势。通过调研我们发现，即便是浙江省这样的东部经济发达地区农村，即便农村中青年劳动力的远距离流动外出并不多见，但工作日、白天村里也基本以老年人为主，青壮年多在附近城镇就业。因此，老年协会开展的这些养老服务均多以老年人为老年人服务为主，如H村烧饭的厨师是一位70多岁的老年妇女，她每天的服务还可以获得30元补贴，再加上热心老人们的参与，老年餐桌就得以持续地运行下来。因此，通过农村老年协会这一基层老年互助组织可以把农村老年人的力量整合起来，为有需要的老年人提供日常的帮助服务，并以这些日常服务为基础形成老年人的交流联系网络，缓解其孤独感，丰富精神文化生活。应该说有效发挥老年人的互助作用是安吉农村发展居家养老服务的关键之处。

四、宅基地换养老及集中（公寓式）养老服务模式

对于一些已进行或正在进行拆迁、实现村改居的农村，老年人还面临着由于房屋拆迁、居住地点改变带来的居住方式变化。在哪里居住、与谁居住、谁来提供必要的养老服务就成为这些老年人面临的现实问题。对因房屋置换、拆迁安置而搬迁的老年人，主要面临的是居住环境变化而引致的适应问题，而有的老年人则会因拆迁而需要重新选择居住方式及养老方式，如在拆迁过程中，某些农村地区采取集中安置老年人的方式来满足当地老年人的养老需求。课题组于2015年10月对浙江省湖州市安吉T镇G村的老年公寓式养老服务情况进行了调研访谈。

G村是附近几个村子拆迁合并的大村，目前全村5000多人，老人800多人，老龄化率约20%。拆迁之后，村里开始分排屋，但根据当地规定老年人不参与分房，如果老人要分一定要与其某个子女绑定。但以前该地老人和子女多是分开居住，有的老年人并不愿意在拆迁后与子女同住。因此，在新农村建设中，2012年初G村就开辟了老年公寓的场地作为老年人居所。公寓于2014年正式建成，2015年老年人开始陆续入住，后续还会有两期工程继续扩大完善。老年公寓的做法得到了政府在土地、资金方面的支持，因此G村的老年公寓规模在附近乡村中是最大的。

希望入住的老人需自己提出申请。起初老年人认为公寓不好，申请的人不多，建成开放后大家发现条件不错，申请的人渐多。入住的老人在缴纳3万元押金后可以住一辈子，押金可退但无产权。

要求入住老人要与子女签订协议，在公寓所产生的费用如果老人有能力则自己负担，否则应由子女承担。协议约定子女不如期承担的话会采用大字报、村报等方式公开。老年公寓的基本护理费为每月 700 + 200 元。从 G 村的经济发展水平来看，该村经济条件较好，调研时村里每年收入 200 万元左右，因此村里绝大多数老年人和子女的经济收入是能够满足公寓所需费用的，有经济困难的老年人还会由村里给予部分补助。

G 村老年公寓建设用地是村集体所有土地。房型主要包括老两口同住的较大户型和独居的小户型两种，有起居室、卧室和简易厨房、卫生间，还配有医务室、活动室等基础设施及管理老年公寓的物业公司。周边有食堂、农贸市场、老年活动场所、超市等。由于当地企业多，村民大多在当地务工。工作人员主要来源于村里，年收入三四万元。在 G 公寓也开展了少量低龄帮助高龄、老年人参与公寓监督管理的服务。

但由于该模式处于起步阶段，且是在复杂的村合并背景下创建起来的一种新模式，其效果如何还有待检验。对于习惯与子女分住的农村老年人来说，集中式的公寓养老模式有助于解决迫切的居住需求，并提供基础性的服务作用。但如何在缺乏专业化、系统化管理服务资源的农村地区开展集中式公寓养老服务还应有更充分的相关保障。

相较于农村长期沿袭下来的分散、以个体为单位的家庭式居住，集中居住或公寓式居住模式在居住形式和社会化管理服务方面有着根本差异。集中居住是一种统称，存在着多种类型的集中居住，在形式、规模、管理方式、入住成员构成等很多方面并不一致，但总的来说，由于有更多的公共设施和服务投入，集中居住通常居住条件也更为现代化，能够为入住老年人提供更方便的服务。集中居住者的居住满意度也相对更高，如对成都市青白江三个村 450 户的农户调查发现，土地整治运动后"上楼"集中居住的农民户与散居户的居住满意度分别为 87.7% 和 75.4%，集中居住者的满意度更高（周飞舟、王绍琛，2015）❶。但可以预见，除了老年人面临居住环境和居住方式改变带来的适应问题而外，随着入住人群的逐渐老龄化，集中居住带来的劳动方式、人际交往方式、消费方式乃至于生活方式的转变会使得这些已经实现了居住城镇化的农民与城市居民一样要有必要的社会服务，来填补过去那种典型农村生活方式下通过自我或家人就可以完成的内容，例如集中居住往往以小家庭为单位，多代人共处一个屋檐下的情形很少见，子女在起居上照顾老年人的可能性也相对更小；再如集中居住后各种生活必需品如食品、水电气等很难再得以自我提供和保障，这些方面的支出可能都会增加，对社区的服务和公共保障提出了现实需求。因此，对于农村居民来说，集中居住改善了他们的居住条件、使老年人更有可能享受到便捷的、现代化的生活，也使公共管理、设施及服务更有可能实现规模化、高效化，这是城镇化给农村养老走向社会化带来的重大福利和机遇。但另一方面，倘若集中居住后不能为越来越多的老年人提供有效保障和服务，集中居住就不但失去了过去农村家庭养老的有利条件，也会使聚集起来的老年人面临许多共同的养老问题，那么类似养老院的这些居住区将会给政府的保障和服务带来巨大挑战。所以，必须紧随城镇化和集中居住进程的步伐加大加快完善养老服务体系，使农民在"上楼"后逐渐享有与城市居民同等的养老服务与福利，这也是实现城镇化的重要目标与内涵之一。

五、农村机构养老模式

在我国农村，由于居家养老、社区养老等理念和实践的缺乏甚至空白，人们的观念中社会化养老往往等同于敬老院等养老机构。

---

❶ 周飞舟，王绍琛. 2015. 农民上楼与资本下乡：城镇化的社会学研究[J]. 中国社会科学，2015（1）.

敬老院作为农村养老的制度、福利安排在我国已长期存在，对于无儿女、无劳动能力、无生活来源的"三无"老人起到了基本保障作用，它在本质上属于完全意义上的社会养老范畴。很长时间以来在农村由于养老机构的主要功能是救济、扶助缺乏家庭供养的老年人，其福利色彩浓厚，基本由政府开办运作，且多以托底式的基础服务为主，保障水平和质量有限。

近年来，在国家的大力推动下，企业、社会组织机构兴办的养老机构在农村也有所发展，大大拓展了农村原有养老机构的覆盖人群和服务内容。2013年《国务院关于加快发展养老服务业的若干意见》中对于支持社会力量举办养老机构明确提出了若干措施，如在资本金、场地、人员等方面，进一步降低社会力量举办养老机构的门槛，简化手续、规范程序、公开信息，行政许可和登记机关要核定其经营和活动范围，为社会力量举办养老机构提供便捷服务。鼓励境外资本投资养老服务业。鼓励个人举办家庭化、小型化的养老机构，社会力量举办规模化、连锁化的养老机构。鼓励民间资本对企业厂房、商业设施及其他可利用的社会资源进行整合和改造，用于养老服务。之后的多个相关政策文件也对支持养老机构的发展给予了大力推动。在这样的政策驱动下，近些年农村的养老机构发生了明显变化。我们对河北、山东、北京、浙江等地的养老机构进行了参观调研，机构类型包括公办养老机构、公建民营机构、民营养老机构。通过多次多地调研发现近些年农村地区的养老机构目前有如下主要特点：

在原有公办养老院基础上改建扩建养老机构是农村养老机构发展的普遍趋势。由于过去养老院均覆盖至乡镇一级甚至村一级，随着农村经济的发展及政府的不断投入，这些农村养老院得到了不同程度的发展。欠发达地区农村养老院相对改观不大，但在经济发达地区的农村，特别是土地流转或拆迁后的地区，改扩建后的养老院在规模、设施设备、服务范围等方面有了很大提升。

民营养老机构在农村的发展程度与政府的支持和补贴力度息息

相关。在国家相关政策的引导下，地方政府通过经济补助、政策扶持、购买服务等形式推进乡镇养老院公建民营、民办公助改革，大力支持社会资本投资兴办农村养老服务机构。如山东某地政府对新建养老机构给予每张床位9000元的一次性补助；对已经运营的养老机构，按照自理老人、半自理老人、不能自理老人分别给予每人每年660元、1200元、1620元的运营补助。在政府资金的支持下，民建民营养老机构占该地农村养老机构的六成以上。又如在浙江安吉，政府同样按照床位和自理等级对民办养老机构给予补贴，使不少民办民营养老机构在近几年快速发展起来，而这些民办养老机构多建在城乡结合部。调研中我们发现有的民办机构由于收费低廉，且还配备基础的医疗服务，不仅农村老年人入住，还吸纳了一些城市老年人，其中还有不少功能受限的老年人。如在与北京邻近的河北三河市，某企业在该地农村开办了托老院，入住老人反而多为来自北京的较低收入老年人，而本地农村老年人由于收入更低，仅部分"三无"老人入住当地养老院。在乡村及城乡结合地区，小规模、低收费、提供简单医疗服务的民营养老机构通过政府的补贴能够运营发展起来，但建成发展起来后由于农村老年人经济收入的弱势而使得这些养老机构的服务对象更有可能是城镇老年人。

不同于过去单纯由政府运营管理的方式，越来越多的农村养老机构采用多样化形式运作管理。如采取政府购买服务、合同外包、委托运营等方式建立农村幸福院，特别是在养老机构领域一些建立较早、具备一定管理运营经验的企业或社会组织已开始渗入农村地区，在品牌运营、统一管理方面不断创新养老服务经营模式，拓展丰富了以往农村养老机构的服务内容和水平。

探讨如何发展农村养老机构的一个重要前提是究竟有多少农村老年人需要住养老机构？无论中外，养老机构的角色和功能都在于弥补个人、家庭完成不了的养老任务，而个人和家庭之所以不能完成养老任务可能存在多种原因，如老年人健康及自理能力差，必须依靠专业化照护才能完成；家庭在人力、财力等方面缺乏养老资源而必须由社会化的机构来补足；等等。当然，也不乏为了提高生活质量而入住具有更专业照护水平的养老机构者，但在我国的农村老人中为追求生活品质而入住机构者寥寥。

有研究认为依靠子女养老仍然是大多数老年人偏好的养老方式，他们更愿意与子女同住或者居家养老，而不愿入住养老机构（褚湜婧、孙鹃娟，2010）❶。但农村老年人的养老观念正呈现分化趋势，对养老机构的认同不断加深（黄俊辉等，2015）❷。为了了解农村老年人机构养老入住意愿，我们曾于 2015 年在河北某县针对 60 岁及以上老年人开展过相关调查。在获得的 1839 份有效样本中有 10.2% 的老年人表示愿意入住养老机构，其余 89.8% 的老年人更倾向于在家养老，不愿意入住养老机构。子女数量多少与老年人是否愿意入住养老机构并无紧密联系。调查结果显示，在没有子女的老年人中，愿意入住养老机构的占 14.3%；有 1 个子女的老人中有入住意愿占 11.4%；有 2 个子女的占 9.9%；3 个子女的占 9.5%；4 个子女的占 11.3%；5 个子女的占 5.8%；6 个子女的占 17.6%。可见并非子女越少的老人入住养老机构的意愿越高。在多子女的老年人中，可能会因为子女之间在养老问题上没有达成共识或相互推诿，而使得老年人更倾向于选择机构养老。

对于绝大多数农村老年人，究竟哪些因素使他们不愿意选择养老机构呢？在调查中我们采用多项选择的方式来了解各种影响因素的作用，发现主要有养老机构价格太贵住不起、养老机构条件不如家里方便，家中有人照顾、传统观念无法接受、亲戚朋友反对、身体状况较好、担心服务不好等。其中排名前三位的因素分别是身体还好不需要住（37.2%）、家里有人照顾（30.7%）和养老机构不如家里条件好（30.7%）。

---

❶ 褚湜婧，孙鹃娟. 影响城市老年人养老意愿诸因素分析［J］. 南京人口管理干部学院学报，2010（2）：43－46.

❷ 黄俊辉，李放，赵光. 农村社会养老服务需求意愿及其影响因素分析：江苏的数据［J］. 中国农业大学学报（社会科学版），2015（2）：118－126.

表 10.1　影响老年人选择机构养老的主要因素　%

主要因素	太贵住不起	家里有人照顾	没家里条件好	观念不能接受	家人反对	身体还好	担心服务不好
比例	29.7%	30.7%	30.7%	24.5%	8.5%	37.2%	24.7%

身体还好不需要住。身体健康是入住养老机构的决定因素。目前，国家的养老政策也主张健康的老年人应选择居家养老，而不是选择机构养老，将养老机构稀缺的床位资源让给更需要的人群。根据调查，绝大多数的老人只要能够自理或家庭成员能提供照料都希望住在家里，这也说明居家养老符合多数老年人的主观意愿。

家里有人照顾。从很多老年人的主观意愿来看，他们更希望与家庭成员住在一起，享受天伦之乐的温馨。因此，哪怕是家庭成员仅仅只是陪老人同住，老年人也会感到有安全感和归属感，并不要求家庭成员提供无微不至的照顾。养老机构即使服务再好，照顾得也很周到，也难以替代家庭在满足老年人精神慰藉需求方面的独特之处。因此，家里是否有人照顾成为老年人选择养老机构与否必然考虑的一个重要因素。

不如家里条件好。一方面，目前很多养老机构的条件制约了老年人的入住意愿。虽然少数高端养老机构的条件很好，但大多数养老机构的条件还很有限，尤其是部分低成本运营的养老机构，卫生状况、居住条件、服务质量等硬件和软件环境都还不尽如人意，难以满足老年人养老多方面的要求。另一方面，在很多人的传统观念中养老机构的环境和条件都比较差，在调查中我们发现，很多受访老年人对养老机构接触和了解得很少，会主观地认为养老机构的条件不如家里，加之他们更多是习惯和适应了家庭的居住环境，去养老机构居住则需要重新适应陌生的环境，因此会倾向于认为养老机构不如家里条件好。由此可见，发展机构养老一方面要切实完善机构的环境条件、服务水平，另一方面也要逐步改变人们对养老机构的刻板印象，让有潜在入住需求的老人理性选择机构养老。

太贵住不起。养老机构的价格也是老年人不愿选择入住养老机构的一个原因。养老机构的价格往往与所提供的服务和环境成正比，条件越好的养老机构价格越高。作为消费者，在选择机构养老时人们总是希望以最小的成本换取最大的收益，因此，对于条件好的养老机构，很多农村老人由于价格高而无法接受，即使有子女等的补贴，老人往往都因为心疼支出过高而以各种理由拒绝入住。所以对于真正需要入住养老机构的老年人，政府应当通过对其健康、经济条件、家庭状况等多方面的评估来进行必要补贴，保证有需要的老年人能够享受到养老机构提供的服务。

六、医养结合模式

医养结合是国家最近几年大力倡导的发展方向。但农村地区在普遍医疗和养老条件都相对滞后的情况下如何促进医养结合？该模式在农村的发展情况怎样？众所周知，养老服务中与医疗、康复护理相关的健康服务是老年人对养老服务重中之重，也是服务提供中的最大难点，在医疗卫生资源比较匮乏的农村这一问题尤为突出。随着人均预期寿命的延长以及患病特点的变化，老年人医疗卫生服务需求和生活照料需求叠加的趋势越来越明显，迫切需要为老年人提供医疗与养老相结合的服务。医养结合模式的理念和内容非常契合老年人的现实需求，其中的"医"主要包括医疗诊治、健康咨询、健康检查、临终关怀等服务，而"养"包括生活照护、精神心理、文化活动等服务，这两者结合起来才能真正解决老年人在养老过程中必需的医疗问题以及医疗过程中必然伴随的养老和照料护理问题。

习近平总书记在2016年5月关于《推动老龄事业全面协调可持续发展》的讲话中强调"要完善养老和医疗保险制度，落实支持养老服务业发展、促进医疗卫生和养老服务融合发展的政策措施"。2016年12月在国务院办公厅《关于全面放开养老服务市场提升养老服务质量的若干意见》中专门对建立医养结合绿色通道提出了比较明确的意见,如建立医疗卫生机构设置审批绿色通道,支持养老机构开办老年病院、康复院、医务室等医疗卫生机构,将符合条件的养老机构内设医疗卫生机构按规定纳入城乡基本医疗保险定点范围。鼓励符合条件的执业医师到养老机构、社区老年照料机构内设的医疗卫生机构多点执业。开通预约就诊绿色通道,推进养老服务机构、社区老年照料机构与医疗机构对接,为老年人提供便捷医疗服务。提升医保经办服务能力,切实解决老年人异地就医直接结算问题。探索建立长期护理保险制度,形成多元化的保险筹资模式,推动解决失能人员基本生活照料和相关医疗护理等所需费用问题。

但医疗和养老如何实现有效融合却是一项有待探索创新的系统工程,在国家导向性、激励性意见和政策出台后,很多地方纷纷提出甚至尝试了医养结合的理念和做法。通过文献研究和我们的调研发现,农村地区的医养结合主要体现为以下几种模式:

其一,在医院附近新建或改扩建养老院。如河北三河市某农村依托于原有的煤矿医院,将医院的部分病床主要用于收住老年人,使入住老年人能够便捷地获得医疗服务。又如邯郸市广平县南阳堡村村医刘贵芳依托镇卫生院医疗资源,创办了集养老、医疗、护理、康复、保健为一体的医养结合养老院,探索"医疗+养老"的农村养老新模式（新华网,2015）❶。

其二,通过建设农村养老护理院、养老基地或养老产业园等突出医和养功能。调研发现,如浙江、山东、云南等很多地方均以县为中心建立大型养老护理院,覆盖县城及所辖区域的农村地区,改善了以往养老中医疗服务不足的局面。云南曲靖以县医院为区域医疗中心,利用该地传统医学养生文化,发展健康养生产业,开发中医保健养生项目和健康食品,形成完整的健康产业链,推动医疗卫生服务和养老服务深度融合发展。

---

❶ 新华网. http://www.xinhuanet.com/gongyi/yanglao/2015-02/04/c_127457587.htm.

其三，养老机构通过与医院建立协作联盟或利用医院的诊疗制度提升养老机构"医"的功能。如山东威海有约四十家农村养老机构和邻近医疗机构建立了医疗巡诊制度，超过一半的农村养老机构实现医养融合式发展。河南成立的"老年医养协作联盟"，依托老年医学专业的技术与服务优势，为全省各地区养老机构提供人才培养、心理辅导、义诊巡诊和健康教育等方面的专业技术帮扶。各成员单位可通过绿色转诊通道随时将患病老年人转入医院住院治疗，经医院治疗好转或痊愈的老年人再送回养老院，形成了完善的双向转诊机制。

但我国的"医养结合"尚在起步阶段，该模式在农村的发展很多还处于雏形甚至仅有理念阶段。除了少数经济发达地区的农村而外，大量农村地区无论医疗条件还是养老条件都不足，负责养老和负责医疗的相关政府部门长期割裂，难以实现资源对接与整合，加之医养要实现真正结合还要以专业的医疗护理人才队伍为基础，这在农村更是养老中的瓶颈。尽管一些地区关于医养结合有前沿的思路和规划，但要在农村打通医养之间的障碍还需具备若干前提条件，包括制度上的完善例如消除医疗保险与老年照料护理支出间的空白地带，尽快探索建立长期护理保险制度；以县为较大乡镇为中心的老年护理院、养老服务中心、日间照料中心应作为重要平台在满足失能老人照料护理的基础上，与医院联合将专业医护和照料服务延伸至居家的农村老年人；与附近城镇医院联合，通过老年病学、医疗护理知识等培训提高农村基础医护人员和家庭照料者的照护能力。

七、讨论与建议

通过实地调研和焦点组座谈发现，近年来这些农村地区的社会化养老服务水平较之过去有了明显突破，形成各具特色的模式。以实地调研的这几个点为例，它们或者在地方政府的积极推动下已形成比较成熟的照料服务模式（如浙江省金华市金东区澧浦镇的居家照料服务中心）或者由基层的村干部等组织老年人开展互助服务（如河北平山、肥乡等地的互助养老）或者由企业、民间机构组织与地方政府合作介入农村养老服务（如河北三河的医养结合）、还有企业通过公益慈善基金委托社会组织机构开展养老服务（如平山针对空巢老人的社工介入服务）等。这些模式或做法总体上体现出如下成绩。

（1）养老服务的模式、内容、覆盖人群、提供主体大大拓展，一定程度上改变了过去农村基本上单纯依靠家庭养老的局面。调研地区既有经济发达的北京、浙江等地农村，也有如国家级贫困县的平山等贫困农村，总体上各地都程度不一地正在探索开展养老服务。

（2）基层政府对此的重视程度、知晓度和推动意愿较过去明显提高。政府在养老中的作用从过去的发放补贴、仅提供托底老人的保障服务逐渐转向扩展服务人群和内容。特别是在新型城镇化过程中一些农村由于土地征用、房屋拆迁、产业转移，老年人面临搬迁、失去土地等根本性改变，政府在其中便发挥了重要作用，如浙江安吉县天子湖镇高禹村拆迁户达700余户，500多名老年人由于不参与分房没有独立住房，村两委通过建村级老年公寓为拆迁户老人提供集中居住养老的服务模式。政府的推动作用还表现在主动寻求各方面资源和力量积极开展适合当地的养老服务等方面。

（3）多元化资源介入农村养老服务体系。多元化资源包括市场资源、社会力量以及家庭和老年人自身资源。例如，三河市齐心庄镇五福托老院在原有煤矿医院的基础上通过与企业合作建立医养结合型的托老服务机构。河北平山通过该省钻石基金会的资金支持，招募善和社会工作事业发展中心等组织来为农村空巢老人提供服务。再如浙江省安吉县报福镇报福村利用农村老年协会发挥传统乡村治理方式在农村养老服务中的作用，建立银龄互助服务社，开展起老年餐桌、一对一志愿服务等老年人互助养老服务，老年人的价值和潜力得以挖掘。

（4）因地制宜创造性地发展多样化农村养老服务模式。农村地域广大、社会经济文化基础差别也很大，在推进城镇化建设方面也各有特点。调研发现，与城市开展的较为一致的居家养老服务不同，很多农村地区由于居住分散、缺乏必备的服务资源和网络，难以广泛地实现城市的居家养老服务模式，因而探索性地开展了老年人互助、亲友相助、志愿服务、集中居住等模式和举办农村幸福院、养老大院等方式，改善了农村长期以来社会养老服务匮乏的局面。虽然这些模式或做法有差异，但它们都共同体现出农村社区养老照顾的本质，即村域网络资源的整合利用，核心是在资源和管理水平有限的前提下，融合村民、政府、社会机构和组织等多方参与合作的方式。

但通过专家座谈、并与养老服务管理者、服务人员以及老年人的交流，我们对调研项目进一步剖析则发现，在这些地区农村开展的养老服务中还存在诸多不足或者说问题，主要包括以下几点：

第一，基于资金不足、重视不够、乏人管理服务等多重因素，有的地方社会化养老服务有名无实，所提供的养老服务内容极其有限，难以真正发挥作用。

第二，对于养老服务和产品供给主体缺乏强有力的监管和评估。由于缺乏更细化的评估和监管，对已开展的一些养老服务模式或项目事实上难以切实衡量其质量优劣。在政府大力放开养老服务市场的前提下，如若不尽快完善监管服务体系，加强第三方评估和质量控制，农村的养老服务可能会问题重重。

第三，养老服务所依托的设施场所、物质条件、人力资源、管理服务能力等均存在不足。在调研的几个农村地区，经济条件较好的如浙江、北京能够获得镇或村集体的资金等支持，当地的民营企业等民间力量也对养老服务有一定的扶持，但欠发达地区农村则很大程度上受制于经费不足，又难以充分挖掘现有资源，因而能开展的服务范围和项目很有限。

第四，服务的可持续性和可推广性存在一定障碍。当前农村开展的社会化养老服务带有强烈的试点和探索特点，有的模式可以说是在缺乏规划和论证的前提下地方自行摸索建立起来的，如山西、河北等地的互助养老模式，村干部的推动能力、乡村自身的特点决定了这些模式能否开展起来，但从调研情况来看，一些模式或做法缺乏规范性和长远考虑，有限的资金投入怎样维持这些模式持续进行下去、能否在其他类似地方推广等问题依然存在。

第五，当前的服务难以解决失能或半失能农村老年人的照料护理问题。调研的这几个地方多以提供自理老年人基本日常生活服务为主，如餐食、上门探望、文体娱乐活动等，对于专业化的医疗和照料护理服务现有模式难以实现。根据中国老龄科研中心的调查，社区养老服务需求排在前三位的服务是上门看病、上门做家务、康复护理，但事实上农村社区的养老服务能够提供的更多是就餐、休闲娱乐活动，与农村老人最迫切的需求错位，当然这种矛盾在城市也普遍存在。

第六，农村已有的公办养老机构还未充分拓展服务对象和内容，新建的民办养老机构又门槛较高，在推进有条件的公办养老机构转制为企业或开展公建民营、落实对民办养老机构的投融资、税费、土地、人才等扶持政策方面还未取得明显成效。此外，农村养老服务较为普遍地体现出重视机构养老轻视甚至漠视居家养老和社区养老的局面。农村不仅基本都建立了养老机构，有的养老机构床位尚有空余，但居家养老服务寥寥无几，欠发达地区更未有实质性进展。

根据实证研究结果和实地调研情况，农村传统的由家庭成员赡养、照顾老人的方式在剧烈的社会转型和快速的城镇化进程中已经弱化并还将继续削弱。如何加强农村养老服务必须根据新型城镇化这一大背景下农村的先天基础和变化特点来考虑。与城市相比，农村乡土社会的血缘、地缘关系更为紧密，在城镇化过程中发达和欠发达农村已呈现出在养老服务水平上的巨大差距，我们认为：

对于经济较发达的农村地区如此次调研的北京、浙江，积极支持地方利用现有资源发展能与城市接轨甚至同等的养老服务是可行的，例如以农村老年协会为平台建立农村居家养老服务中心，辐射附近农村地区以提高养老服务的覆盖面；鼓励经济发达地区农村积极引导社会资本、民间资本参与到多样化的养老服务项目中，在基本养老服务普及的基础上能够拓展到专业化的照料护理、养生项目。

对于经济欠发达地区的农村，其外出劳动力多，留在农村的多是老年人、儿童和大龄返乡劳动力，空心化严重。因此，当前要大力发展以人力资源为主要基础的养老服务是不现实的。比较此次调研的几种养老模式，我们认为支持以互助、自助为重点的做法是可取的，能够有效弥补当前大量欠发达地区农村留守老人、空巢老人乏人过问的局面。互助包括老年人之间、邻里之间等，但互助模式还需要规范化、系统化，要吸取有代表性地区的先进做法提炼运作模式，加强监管，保证可持续发展。

此外，从实地调研来看，我们发现利用农村闲置或未得以充分利用的校舍、养老机构、医疗机构、公共活动场所开展基本的养老服务，尤其是满足独居、空巢、高龄不能自理老年人的就餐、基本医疗、文娱活动、上门探访等需求也是可考虑之策，这需要来自政府或社会资金进行先期基本建设投入，并建立评价体系和标准，在安全、服务、管理、设施等方面加强农村社区养老服务或机构养老服务的监管。提高农村老年人及其家庭成员在养老服务方面的获得感和幸福感，保障城镇化的顺利推进。

第十一章 对研究结果及农村养老服务体系建设的讨论

学术界和政府部门乃至普通百姓大都认为农村养老问题的严峻性更甚于城市。结合本书前文的研究，我们认为，农村人口老龄化及养老问题的主要根源有三：一是人口向现代型转变即生育、死亡水平降低内在地引发人口老龄化，在数量和比例上使农村的老龄问题尤甚从前。但这一根源几乎是社会和人口发展的内在规律和共同趋势，并非农村独有；二是改革开放以来，以降低生育率为主要目标的计划生育运动和大量农村劳动力向城市流动的潮流大致同步进行，在减少家庭人口数量和加剧代际居住分离两个方面削减了农村的家庭养老人力资源。尽管城市的计划生育政策力度更大、控制范围更广，但在代际的空间居住分离方面远不如农村那样普遍而突出，这使得农村老年人可获得的子女照料被广泛削弱，农村的空心化、老龄化程度加剧；第三个根源是，在农村家庭养老的人力资源被削弱的同时，社会养老保障资源严重滞后，并未及时弥补家庭照料资源已然弱化带来的空缺，使农村老年人更多地依赖配偶照料、自我照料。当然，问题的根源不仅限于此，例如农村经济发展滞后于城市、物质经济资源的匮乏制约公共福利服务的发展等，但这些原因综合起来导致了老年人可获得的社会化养老资源不足。

城镇化是认识农村养老的基本背景。城镇化是在现代化和工业化发展过程中，非农产业向城镇汇集、农村人口向城镇集中并转变生产生活方式的过程。从2012—2017年五年间我国城镇化率年均提高 1.2 个百分点，8000 多万农业转移人口成为城镇居民。而从 2017 年到 2020 年的全面建成小康社会决胜期实施的乡村振兴战略，也离不开新型城镇化的同步推进。在此过程中中国农村的老龄问题呈现新特点和新问题。农村青壮年劳动力转移、空心化、家庭空巢化以及社会经济转型大大加剧了农村老年人对社会养老服务的需求，是一个重大的家庭和社会现实问题，关系到新型城镇化能否实现缩小城乡差距和公共服务均等化的目标。

从表象上看城镇化是一种过程，但对身处其间的农村居民个体而言，城镇化通过土地、劳动方式、收入来源、生活方式、居住环境、代际关系等这些直接或间接的变化而渗入他们的生活之中。土地流转、村改居、产业转型、子女外流这几种城镇化最鲜明的体现结果，对农村老年人的养老问题带来了深远的影响。而当前及未来农村的养老问题将置身于新时代、新的历史阶段下，乡村振兴战略的提出为应对农村养老服务等相关问题带来了新的机遇。本章将聚焦农村养老中的突出问题，以乡村振兴、乡村治理和农村发展为引领，根据本研究中关于城镇化、农村社会变迁和养老的理论基础，讨论农村养老服务体系的建设与发展。

一、农村养老的突出问题与潜在风险

尽管农村的养老问题层出不穷，在城镇化过程中新老问题又交织在一起，前文中所呈现的问题难以穷尽农村面临的养老问题。有的问题可能是孤立存在的，而有的问题可能又是蕴含、叠加或衍生于其他问题之中。老年人的需求主要集中在经济保障、医疗保障和照料护理、精神慰藉和社会参与等几个领域。通过本研究我们认为，改革开放以来的城镇化进程有效改善了农村老年人的经济福利和社会养老保障、医疗保障水平，土地流转、村改居、子女外出务工等方式使农村老年人在经济上直接或间接受益。尽管不可否认，本研究中的相关对比结果也显示城乡老年人在经济收入水平、经济独立程度、社会保障水平等若干方面还有很大差距，甚至农村老年人仍是绝对贫困、相对贫困比例相当高的人群，但自2009年开始试点并建立新型农村养老保险以来，突破了农业户籍人群社会养老保险长期缺失的局面，这是从无到有的巨大进步。

相对而言，农村老年人失能半失能后的长期照料护理问题、留守老年人的精神关爱服务匮乏的问题相对更加突出。根据本研究中的调查数据结果推算，2014年我国农村日常生活不能完全自理的老年人约为1066万人，其中轻度失能的666万人、中度失能178万人、重度失能222万人。随着高龄化发展，我国农村失能、部分失能老年人的规模还将进一步扩大。目前这些失能、部分失能老年人多由老伴或子女照顾，但子女提供的照顾常常由于居住分离甚至远在外地而难以为继。生活不能自理却无人照料的农村老年人比例约为16.7%。而农村的公办养老机构往往只收住低保、"三无"老人，大量有照料需求却乏人照料的老人进不了公办养老院。由于缺乏强有力的引导和监督，加之在建设运营各环节中民办养老机构所获得的补贴有限，因此民办养老机构在农村未能得到全面的、规范的发展。面对家庭照料功能的弱化，机构照料资源的不足，如何为那些失能半失能的、高龄、独居、贫困的农村老年人提供基本的照料服务成为当下中国农村养老的一大难题。

此外，大量劳动力外流带来的另一个严峻问题是加剧了留守老年人的孤独感和抑郁水平，实证分析表明，有子女外出打工的留守老人感到孤独的比例更高，经常感到孤单的留守老人比例要明显高于非留守老人，特别是在偏远、贫困的乡村，由于子女长期离家，一旦丧偶，很多老年人基本独自度日，孤独、生活乏味的问题十分普遍。因孤独、抑郁等多重原因引发的农村老年人心理健康问题自杀现象屡见不鲜，特别是在高龄老人多、空巢老人多的地区更是频发。2000年以后农村老年人的自杀率迅速升高，年均自杀率达到230.94人/10万人，是自杀率最高的人群（刘燕舞，2016）❶。除了贫困和疾病是主要诱因外，情感慰藉的缺失是导致这个群体自杀率升高的重要原因。农村关爱服务体系不足甚至缺失的局面必须引起高度重视，否则问题还将进一步恶化。

应当看到，新型城镇化在给社会化养老服务水平提升带来契机的同时也蕴藏挑战。在新的历史时期，深入推进新型城镇化建设为农村人在享受均等化的养老基本公共服务带来了前所未有的历史机遇期，一些农村地区在建立以居家为基础、社区为依托、机构为补充的多层次养老服务体系方面也正在探索适宜的模式和做法。但在快速的城镇化背景下，由于农村原有的社会化养老服务基础过于薄弱，尤其是在实践中无论是各级管理者还是老年人个人或家庭成员都未充分在思想上、行为上做好养老的规划和安排，对于法治化、信息化、标准化、规范化的社会养老服务体系知晓度甚低，因而很多农村尤其是边远、贫困地区农村依然十分滞后，对于社会养老服务体系缺乏规划和实质性行动。另一方面，在已开展起养老服务项目的地区，调研也发现了其中隐含的一些问题，比较突出的如：缺乏足够有效监管、服务提供者资质良莠不齐、养老机构设施条件较差且管理监督机制不健全、受过专业训练的护理人员匮乏、绝大多数只能提供日常照料服务、失能老人所需的长期照护服务难以实现、现有服务模式的可持续发展等问题。

与过去以人口流动为主的传统城镇化道路相比，新型城镇化在提高人口城镇化率方面的形式更加多样、速度更快，这其中所涉及的人群在养老方面所呈现的问题和需求将复杂多样，倘若不及时规范、健全农村的养老服务体系，将可能使得风险加剧，这些风险或隐患如养老机构中的火灾、人身安全等问题、有照料需求的老年人无人监管、养老服务项目变成圈地或房地产项目的幌子、老年人上当受骗，等等。

---

❶ 刘燕舞. 农村家庭养老之殇——农村老年人自杀的视角［J］. 武汉大学学报（人文科学版），2016（4）13-16.

二、乡村振兴、乡村治理与农村发展

农村养老问题的存在与应对显然必须置于"三农"问题的大框架大背景中。中国农村家庭和社会长期积累沿袭下来的传统养老方式建立在农耕社会基础上，以家庭协作的方式聚集劳动力才能满足农业生产的特点，因此安土重迁、多子多福、养儿防老既是传统农村老年人的生活、养老方式，也是农村的生产、生态呈现内容。但城镇化使得人口从不流动变得流动、生产劳动从农业劳动为主逐步转向以二三产业为主、土地价值从单纯的生长作物向多用途高价值发展、生活方式从典型的乡村生活迈向市场化的城市居民生活方式、大量原本由家庭承担的保障和服务外移为公共保障和服务。这些根基性因素的变化必然逐渐蚕食原有的传统养老根基，在经历一个或漫长或相对短暂的过渡期后形成新的养老模式。

2017年中央一号文件《中共中央、国务院关于深入推进农业供给侧结构性改革加快培育农业农村发展新动能的若干意见》中指出："农业的主要矛盾由总量不足转变为结构性矛盾，突出表现为阶段性供过于求和供给不足并存，矛盾的主要方面在供给侧。""农产品供求结构失衡、要素配置不合理、资源环境压力大、农民收入持续增长乏力等问题仍很突出"。结构矛盾的问题、资源环境的问题、收入增长的问题被认为是当前"三农"最突出的问题。而本研究中所呈现的诸多农村养老问题归结起来集中表现为社会养老资源未能及时、充分地弥补家庭养老资源弱化的空缺，而社会养老资源的匮乏也主要源自于供给侧的不足。因此，只有促进"三农"的发展，才是应对农村老龄化挑战的根本之策。

在党的十九大报告中提出了实施乡村振兴战略。把农业农村农民问题作为关系国计民生的根本性问题，把解决好"三农"问题作为全党工作重中之重。2017年12月29日中央农村工作会议提出走中国特色社会主义乡村振兴道路，让农业成为有奔头的产业，让农民成为有吸引力的职业，让农村成为安居乐业的美丽家园。坚持农业农村优先发展，按照产业兴旺、生态宜居、乡风文明、治理有效、生活富裕的总要求，建立健全城乡融合发展体制机制和政策体系。加快推进农业农村现代化。加强农村基层基础工作，健全自治、法治、德治相结合的乡村治理体系。并在加强社会保障体系建设中专门提到健全农村留守儿童和妇女、老年人关爱服务体系。通过乡村振兴战略，重塑城乡关系，促进城乡融合发展、共同富裕、创新乡村治理体系等，这与传统的以农村劳动力外流为主的城镇化道路有明显不同，更能发掘农村内在的潜力、优势和特色，为农村居民的养老提供更可靠的经济、设施、环境、治理模式等的系统保障。

乡村治理作为国家治理体系的组成部分之一，是实现乡村振兴战略的基石。党的十九大报告提出了加强农村基层基础工作，对健全自治、法治、德治相结合的乡村治理体系提出具体要求。在乡村治理体系中，自治为本，村民按照自我管理、自我教育、自我服务的基本要求，行使民主权利，在法治的框架下依法办理自己的事务；法治作为维护乡村社会稳定的保障，特别是在乡村利益格局更加多元化和复杂化的情况下，道德观念和道德标准也更加多样化，养老的道德伦理和文化观念也与传统的农村社会有明显变化，只有加强法治才能达成共识，从而保证包括养老等事务在内的乡村社会可持续发展；德治在乡村治理体系中起到道德的约束和教化作用，对于养老而言更具有基础性的内在引导力，有助于协调乡村代际关系、维护家庭养老传统和发扬优秀孝文化元素。

从发展历程来看，乡村治理不失为适应农村社会特点的管理模式。有研究认为，就下层社会的乡村治理而言，与中央王权集中管理的上层制度有实质性差异。上层社会主要是通过郡县来实现国家对社会的控制与协调，而郡县以下的乡村，长期是低成本自治的自给自足社会（温铁军，2018）❶。相对封闭性和自治的传统使农村公共事务的自我决策、自我解决能够长期地运行下来。把城市行之有效的治理方式移植、复制到农村恐怕不仅仅是缺乏必备的条件和资源而难以实现，农村本身所具备一套本土化治理模式及这套模式赖以存在的土壤可能也是城市所缺乏的。所以我们在调研中看到例如互助模式在一些农村能够几乎自发地开展起来，而这种模式在城市中反而可能难以推行。这种从最基层的乡村针对本乡本土的具体问题所在并通过多元互动形成的治理方式尽管很不完善，但却是农村社区最低成本应对当地养老问题的理性途径。

以下将根据本书中关于城镇化、农村社会变迁和养老的理论，尤其是依据本书中养老网络的嵌套结构及多重要素的框架来形成逻辑思路，逐层展开农村养老服务体系建设的讨论。

三、精准评估老年人需求

个体的需求是养老服务的基础。作为养老的主体，可以说个人的一切特性均与养老质量有关，尤其是个人在晚年期能否独立生活的健康条件、经济条件、劳动能力更是决定农村老年人是否需要外部养老服务的基础性要素。是自养还是他养、被别人照顾还是能够照顾别人、独居还是与他人同住、是否需要服务及需要什么样的服务等均取决于个体的上述条件和能力。精准评估老年人多方面的需求才能为其提供适宜的服务，其中健康水平和照料服务需求的评估又是重中之重。

我国农村老年人的照料需求是基于身心健康多方面条件形成的综合结果，需要从多个维度去测评，只侧重身体或心理的单一维度评估是不够的。客观身体心理状况的评估固然不可缺少，但老年人

---

❶ 温铁军. 生态文明与比较视野下的乡村振兴战略［J］. 上海大学学报（社会科学版），2018（1）.

究竟是否需要他人照料还应当参考他们自身的主观意愿。我国农村老年人日常生活自理能力（ADL）受损的老年人占9.6%，其中轻度受损的占6.0%，中度及重度受损的老年人分别占1.6%和2.0%。而且这些失能、半失能老年人对养老服务的需求内容和程度很可能不尽相同，社会化的长期照护应建立在弥补家庭照料不足的基础上提供才能效用最大化。事实上，除基本生活自理能力外，如果考虑工具性日常生活自理能力（IADL），我国农村老年人中IADL功能完好者占44.8%，有不同程度缺损的占45.0%，功能有明显障碍的老年人比例达到10.2%。总体来看，不能独立或者要借助日常工具来完成某项活动的农村老年人占了55.2%，超过半数以上。也就是说，我国农村约6000万老年人在日常生活中均存在不同程度的困难和障碍。除身体健康和功能外，还应以心理健康评估为基础，识别农村老年人中在心理与精神关怀方面需要得到服务和干预的人群，缓解其孤独感，保持良好的心理状态，防止抑郁、痴呆等疾病的发生。

总之我国失能、半失能农村老年人的数量和比例都相当庞大，对照料护理的需求大、持续时间长，既需要日常家务式的非专业化帮助，也需要专业化的医疗护理、康复等服务，这对社区、家庭、机构提供的非专业化及专业化照料都提出了巨大要求，特别是社区与机构如何提供一些以家务、购物、交通出行等帮助为主要内容的可控的、间歇性的养老服务值得探讨，真正使得照料服务建立在弥补老年人功能不足的基础之上。而对老年人照料需求进行更为精准化、动态化的评估则是体系建立的基础和前提。

四、实施家庭支持策略延续家庭养老的核心功能

家庭是养老的核心层面。尽管实证研究还难以准确地得出农村老年人家庭代际关系的变化结果，但结合现有的一些实证数据以及

更直观的农村家庭现实,我们认为与过去相比,当前农村家庭代际关系正走向平权化和下移化,其大致脉络是:从侧重"向上"的以父辈为重心的养老支持走向亲子之间互换互惠的合作与平等关系、并将进一步走向侧重"向下"的子代发展为重心、对父辈自我养老与社会养老不足起补充作用。反哺式的养老模式在现今农村依然发挥作用的同时,也面临着由于农村社会经济转型、城镇化以及人们观念变化引发的淡化,要实现传统中国农村完整意义上的反哺在当下已面临重重障碍。同时也要看到,传统农村家庭中的"反哺"式的养老模式开始向外溢化为同辈群体的互助与协助模式,随着年轻一代离开乡村,在一些地区,留在农村的老年人开始自觉或不自觉地形成同辈间的互助协作关系,以满足家庭养老的部分缺失。

尽管存在代际间的居住分离、子代照料的缺失,但中国农村家庭在重大事务上如迁移流动、养老育幼仍表现出鲜明的家庭决策和家庭利益最大化的特点。正是存在着家庭成员间紧密的联系,才使得城镇化、人口流动不仅仅在宏观上改变了人口的空间分布、城乡融合乃至经济社会的运行发展,也在微观上使成年子女因流动带来的经济收益能惠及到并未流动的老年父母,反过来,迁移流动等城镇化带来的成本如留守人群农业劳动负担加重、家庭照料资源缺失、未成年人抚养教育责任加剧等也由包括父母在内的家庭成员共同承担。

鉴于对农村家庭变迁与老年群体双重角色的认识,以家庭为核心实施支持策略有助于农村老龄问题的应对。包括在养老服务体系建设中不仅要注重规模建设和推进服务的均等化程度,还应重视老年人家庭照料服务的供需对接。从重视老年人个体的需求转向家庭的需求,制定实施更有效的政策和项目来支持家庭中照料老年人的成员,为照料老年人的家庭成员提供经济补贴、日间托养照料、喘息服务、精神关怀等,总之社区养老服务应着重于弥补而非替代家庭照料功能的不足。各种社会支持不仅包括对照顾老年人的子女、亲属等的支持,还包括对照顾孙子女、配偶、子女等老年照顾提供者的支持。只有及时对家庭成员的贡献性劳动给予补偿性、激励性的服务协助、经济补贴等，才能使有限的家庭照料资源可持续发展，这不但能够有效整合各类养老服务资源、缓解老年照料负担，也能够体现老年人价值、应对人口老龄化带来的劳动力资源缩水。

五、在乡村振兴和乡村治理过程中强化社区养老服务能力

乡村振兴战略是从国家层面制定的战略规划。坚持农业农村优先发展的战略方向对于城乡融合、区域一体有根本性的推动作用。其在制度上的若干创新如探索宅基地的"三权分置"，落实宅基地集体所有权，推动资源变资产、资金变股金、农民变股东，探索农村集体经济新的实现形式和运行机制等举措都有助于增加农民财产性收入和农村集体经济。对人力资本的大力开发培育将大大充实乡村的技术、管理和服务人才队伍。留住传统、留住文化、建构具有地方乡土特色的文化振兴战略也将推动农村的文明程度，塑造既发扬传统又适应新时代特点的思想价值观念、文化氛围。而生态振兴带来的人居环境整治、绿色生态发展会对农村的生活生产环境带来根本性提升。在组织振兴方面，通过深化村民自治实践，改变一些农村基层组织软弱涣散现象，采用自治、法治、德治相结合的现代乡村社会治理解决社会问题，使农村的家庭和社会良性运行。

社区层面应充分考虑并把养老服务纳入乡村振兴和乡村治理的相关体系和规划中，结合本研究对有关问题的分析，以下几方面是加强农村社区养老服务能力的重点：

1. 建立乡村社区专项养老服务资金

调研中发现一些农村地区由于资金不足、重视不够、乏人管理服务等多重因素，使社会化养老服务有名无实，所提供的养老服务内容极其有限，难以真正发挥作用，尤其是与经济较发达地区相

比，欠发达地区农村很大程度上受制于经费不足，所谓社会化的养老服务几近空白。再者，虽然有的农村探索性建立的以互助、自助为重点的养老模式有可取之处，但资金的有限性投入也难以保障这些模式的可持续性和质量。因此，在乡村经济发展振兴的契机下，建立社区专项养老服务资金是把农村公共经费用于刀刃上的合理策略。专项养老服务资金可根据各地特点，来自于集体经济收益、政府财政补贴、公益慈善机构捐助、农民互助金、个人会费缴纳等。政府投入、社区专项养老服务资金及社会和民间资本引入等多渠道资金来源才能真正让越来越多的农村老年人享有与城市老年人同等的服务。

2. 以现有农村养老机构、设施和闲置资源为基础改造升级社区服务机构及平台

社区养老服务的提供要依托必备的硬件基础尤其是场所。现有的农村养老机构、养老服务中心、设施等尽管水平总体低下，但其覆盖面较广，也有一定的基础；加之不少地区还有闲置或未得以充分利用的校舍、医疗机构、公共活动场所等。通过逐步建立与城市地区接近或同等的服务设施标准和规范，改造升级现有的服务设施，使它们成为社区养老服务的中心或平台。如拓展提高农村养老机构服务内容和质量、利用或整合已有场所及相关服务资源建立日间照料中心、托老所、提供老年人就餐、基本医疗、康复护理、家务帮助、文娱活动、上门探访等多类型服务。

3. 积极调动社会力量和民间力量参与农村养老服务供给

无论城乡，社会力量和资源的介入都是养老服务发展的基础之一。乡村振兴战略和乡村治理为基层组织、自治组织、社会组织、志愿者等提供了更有利的发展机遇。通过调研我们也发现，在农村实施行之有效的养老服务项目更多地来自于村民自发的互助行为或

深入农村基层的社会组织及企业。除了国家和地方政府在政策上继续通过激励政策鼓励而外，社区在养老服务的管理运行中也要通过简化手续、在投融资、税费、土地、人才等方面提供优惠条件和配套服务为这些开展养老服务的组织、团体和个人等创造条件。

4. 以满足养老服务的切实需求为目标构建专业和非专业的农村养老服务队伍

养老服务体系是一个包含多层次、多内容的服务系统。除管理者而外，谁来提供照料服务是其中的关键。专业化的服务管理人才如医生、护士、护工、社工等固然必不可少，这在实施乡村人才振兴战略过程中可通过人才引进和吸纳的各种机制得以充实。而养老服务还需要很多在老年照料护理方面专业化程度并不非常高的人力资源，如厨师、保洁员、家政服务员等。结合成功模式和经验，有的乡村招募本地中老年人来提供基础服务不失为现实之举。但目前对这些农村基层照料服务者的经济福利待遇、职业声誉认可、职业规范化训练、资质认定、激励机制等诸多方面都还缺乏进一步提升。尽快完善、细化农村包括服务人员标准在内的社会养老服务标准尤为迫切。

农村要像城市那样发展社会化的居家养老服务还困难重重，至少在现阶段是不现实的。其实即便在城市，能够真正解决老年人最急迫的长期照料护理问题的居家养老服务也还有很长距离，很多现有的居家、社区养老服务只能起到辅助、补充作用，主要发挥日常生活支持（如就餐、家务）、基础医疗服务（如社区医院诊所）、丰富精神文化生活（如社区活动场所、团体）等家庭养老难以完成的辅助功能，社区本身所拥有的资源和能力决定了这个层面的养老服务并不能取代家庭、机构的养老角色。特别是针对需要专业化长期照料护理的人群，仅靠社区的资源是难以解决照护需求的，应依据人口规模和区域面积，新建或改扩建专业化的照料护理机构如养老院、老年公寓、护理院、失智者护理院、临终关怀院等。

六、合理定位并发挥政府在养老服务中的角色和作用

大量事实和数据已经表明,农村中并不是所有的家庭都有强大而稳定的养老能力;此外家庭养老建构在传统道德和文化基础上,并不是所有的家庭成员都有足够的养老意愿。前者需要建立配套的完善的社会保障制度以弥补家庭养老的不足,这有赖于国家结合社会经济发展水平在社会保障制度方面统筹安排;后者需要营造强大的养老、敬老舆论氛围,使个人、家庭和社会自觉自愿地赡养照顾老人。这两方面都需要政府这一公共权威通过社会层面中的制度、政策、文化等因素来发挥作用。

政府在养老中所承担的极其重要的角色和作用是毋庸置疑的,其肩负的多重角色可简要归纳为:老年人的权利权益维护者、基本养老服务托底者、社会化养老服务体系主导者、推动者和监管者。

农村老年人作为弱势群体,更容易面临边缘化和相对贫困化的风险,特别是在劳动力外出、农村集体经济解体、农村土地流转过程中,倘若缺乏政府作为公共权威的约束和监督作用,老年人的多方面权利极易受损甚至被剥夺。这就要求政府首先要保障农村老年人的基本生存权、发展权和平等分享社会经济发展成果的权利,如在社会养老保障尚不足以维护老年人的晚年生活时,在子女外出的前提下,应由政府通过激励或约束机制维系子女等家庭成员供养、照顾缺乏独立生活来源和能力的老年人;在农村集体经济、农村土地流转等收益分配时政府应充分考虑并协调解决本村老年人的权益保障问题。

政府还必须充当农村老年人基本养老服务的托底者。从农村老年人的群体特征来看,还有相当一部分老年人的绝对收入和相对收入较低,随着受计划生育政策影响的人群逐渐衰老,加之性别失衡造成的未来农村无配偶男性老年人数量和比例剧增,"三无"老人

的养老保障不仅存在，可能还会加大，政府对于"三无"、贫困、高龄、失能老人的托底保障职责依然艰巨，这需要政府继续健全提高农村的五保供养功能。

在养老服务体系中政府还是制度和政策的规划者和主导者，特别是在资金、管理水平、历史条件和基础、人力资源都相对匮乏的农村，要发展逐步与城镇接轨的养老服务体系必须要有政府强有力的推动力才能使多方力量共同介入，形成政府主导、社会组织协同、公民参与相结合的机制。

随着更多的社会化力量和资源介入养老服务，尤其是养老服务中的市场行为日益广泛，政府在其中的监管职能越发重要。我们在调研中也发现，由于对养老服务和产品供给主体缺乏更强有力的、更细化的监管和评估，对已开展的一些养老服务模式或项目事实上难以客观衡量其质量优劣。在政府大力放开养老服务市场的前提下，如若不尽快完善监管服务体系，加强第三方评估和质量控制，农村的养老服务可能会问题重重。养老服务标准和质量监管体系的制定实施须与农村养老服务政策、项目的推动齐头并进。

七、根据区域和乡土特点形成多元化的农村养老模式

与城市相比，农村乡土社会的血缘、地缘关系更为紧密。但农村地域广大、社会经济文化基础差别也很大，在推进城镇化建设方面也各有特点。发达和欠发达农村已呈现出养老服务水平的巨大差距。与城市开展的较为一致的居家养老服务不同，很多农村地区由于居住分散、缺乏必备的服务资源和网络，难以广泛地复制城市的居家养老服务模式，因而探索性地开展了老年人互助、亲友相助、志愿服务、集中居住、农村幸福院、养老大院等方式，改善了农村长期以来社会养老服务匮乏的局面。虽然这些模式或做法有差异，但它们都共同体现出农村社区养老照顾的本质，即村域网络资源的

整合利用，核心是在资源和管理水平有限的前提下，融合村民、政府、社会机构和组织等多方参与合作的方式。

我们认为，基于农村地区的多样性和养老资源禀赋的差别，整齐划一的养老服务模式并不现实，而应根据区域和乡土特点形成多元化的农村养老模式。对于经济较发达的农村地区，积极支持地方利用现有资源发展能与城市接轨甚至同等的养老服务是可行的，例如以农村老年协会为平台建立农村居家养老服务中心，并辐射附近地区以提高养老服务的覆盖面；鼓励经济发达地区农村积极引导社会资本、民间资本参与到多样化的养老服务项目中，在基本养老服务普及的基础上进一步拓展专业化的甚至高端的照料护理、养生项目。

而对于经济欠发达地区的农村，其外出劳动力多，留在农村的多是老年人、儿童和大龄返乡劳动力，空心化严重。因此，当前要大力发展以人力资源为主要基础的养老服务是不现实的。比较现行的几种养老模式，我们认为支持以互助、自助为重点的做法是可取的，能够有效弥补当前大量欠发达地区农村留守老人、空巢老人乏人过问的局面。互助包括老年人之间、邻里之间等，但互助模式还需要规范化、系统化，要吸取有代表性地区的先进做法提炼运作模式，加强投入和监管，保证可持续发展。

我国的城镇化发展已进入到一个新的时期，随着人口红利日渐消失，劳动力外流对包括老年人在内的留守人群的经济驱动力在稳定中必然走向衰减，而且家庭、子女在经济上的养老作用即便还保持着相对稳固的功能，但从国内外发达地区的历程来看，随着城镇化和现代化的进一步发展，由更为可靠的社会保障来起到养老的托底作用是必然趋势，在此基础上老年人通过个人在晚年期以前的经济积蓄、财产积累才是应对老年期风险的根本之策。所以既要强调在城镇化过程中加快建立完善制度性的养老保障体系，在家庭供养功能尚保持较好的有限时间里尽快提高保障程度并逐渐发挥主导作用。另一方面也必须着眼于当前的农村中青年人，通过多种方式鼓励其在经济上为养老进行储备。与此同时,在乡村振兴战略的契机中加快社会化养老体系的发展,及时在制度、管理、机构、组织、资金、设施、服务网络、人力资源、文化等相关方面构建与农村社会经济、人口老龄化相适应的体系。这是未来城镇化水平进一步提高后解决农村包括照料服务在内的养老保障问题不可忽视的关键。